KB024211

죽음이 물었다,
어떻게 살 거냐고

# 죽음이 물었다,
# 어떻게 살 거냐고

찬란한 생의 끝에 만난
마지막 문장들

한스 할터 지음 ― 한윤진 옮김

포레스트북스

먼저 세상을 떠난 여러 시대 다양한 사람들의 서로 다른 삶의 모습과 유언을 한데 묶어놓은 이 책은 그 자체로 소중하며 특별한 향기를 풍긴다.

그 누구도 피해갈 수 없는 죽음 앞에서 얼마쯤의 두려움과 걱정을 안고 사는 우리에게 앞서 떠난 이들의 마지막 말들은 어느 날 다가올 우리 자신의 죽음을 미리 준비하며 오늘 이 순간을 더 간절하고 충실하게 살아야겠다는 선한 다짐을 하게 만든다.

― 이해인(수녀, 시인)

# 죽음을 말하는 것은 곧 삶을 말하는 것이다

1871년, 스위스 제네바에 살던 아그레노르 폰 가스파린Agenor de Gasparin 백작이 임종을 눈앞에 두고 있을 때, 슬픔으로 가득 찬 그의 부인이 "나의 사랑 아그레노르, 당신의 뒤를 따라갈게요!"라고 말했다. 그러자 백작은 마지막 힘을 끌어모아 힘겹게 속삭였다. "나의 사랑 발레리! 그건 안 되오! 알다시피 난 원래도 당신이 앞서 가는 걸 좋아하지 않소!"

한때 많은 사람의 사랑을 받던 이 부부의 대화처럼 인간이 죽음의 세계로 떠난 뒤에 남겨지는 것들 중 가장 오랫동안 기억되는 것은 그들이 남긴 '마지막 말'이다.

그렇다면 생의 끝자락에 선 사람이 남기는 마지막 말이 세대를 넘어 전달될 만한 가치가 있는 걸까? 또 마지막 말은 어떤 과정을 거쳐 나오게 되는 것일까? 과거에 한 성직자가 죽음을 앞둔 사람에게 악령으로부터 자유로워지고 죽음에 대한 공포를 이겨낼 수 있도록 빌어주는 순간, 당사자는 이렇게 대답했다. "성직자님, 지금은 새로운 적을 만들기에 적절하지 못한 시점인 것 같군요!"

이런 재치 있는 마지막 발언은 수 세기 동안 여러 나라의 언어로 기록되어 왔다. 죽음을 앞둔 자들의 마지막 말이 시간과 공간을 뛰어넘어 지금의 우리에게 전해질 수 있는 이유는 그것이 삶에 대한 재치 있는 농담과 진술한 고백의 경계를 넘나들며 후손들에게 감동으로, 슬픔으로, 때로는 신랄한 풍자로 강렬하게 각인되었기 때문일 것이다.

인간은 자신의 죽음에 대해 생각하는 존재이며 또 그 순간을 예측할 수 있는 능력도 갖고 있다. 또한 지구상에서 죽은 이를 엄숙하게 매장하는 유일한 생명체이기도 하다. 그래서 인간은 죽음에 대한 경외심과 두려움을 갖고 있다. 그러나 시간이 흐를수록 죽음의 공포를 완화시켜주던 종교와 철학이 점점 제 기능을 하지 못하고 있다. 대부분의 사람이 죽음이란 또 다른 변화나 삶의 본질에 한 걸음 더 다가가는 것이 아닌 끝 그 자체, 즉 공허로 발을 내딛는 것이라 믿는다. 반면에 '모든 인간은 반드시 죽는다'라는 보편적인 진리에 대해서는 우리 모두 공정함을 느낀다. 이는 아마도 인생의 긴 여정 동안 인간이 가질 수 있는 유일한 평등이기 때문일 것이다.

오늘날의 죽음은 과거와 모습이 사뭇 다르다. 통계를 살펴보면 열 명 중 아홉 명이 요양원이나 병원에서 홀로 죽음을 맞이한다. 가족의 임종을 지켜보는 일이 갈수록 줄어들고 있다는 뜻이다. 이렇게 되면 죽어가는 사람들은 '생의 마지막 단어'를 남길 기회조차 갖지 못하게 된다.

그 밖에도 여러 가지 이유가 있다. 몇 가지 예를 들어보자면 자연적인 병이나 질환 때문에, 혹은 고령이라거나 심각한 사고의 후유증으로 언어를 쓰지 못하는 경우, 아니면 교통사고 같은 급작스러운 사고로 많은 사람이 아무런 말도 남기지 못한 채 죽음을 맞이한다. 설령 정말 깊은 인상을 남긴 유언이 있었어도 결과적으로는 타인에게 전해지지 못하고 그저 흩어지고 만다. 그 내용을 받아 적거나 전할 만한 사람이 곁에 없었기 때문이다.

지금으로부터 꽤 오래전의 일이다. 독일의 바이에른에서 인턴으로 일을 시작했을 때, 내가 맡은 첫 환자가 3일 만에 사망했다. 그는 알프스에 사는 고령의 농부로 당시에 그를 의학적으로 치료할 방법은 더 이상 존재하지 않았다. 그의 죽음이 기정사실화되자 신부가 방문하여 병부 성사를 집도했다. 한 인생의 마지막을 맞이하는 방 안에는 초들이 타고 있었고, 한 수녀가 조용히 고인을 위한 기도를 올렸다. 그들은 의사인 내가 돌아가기를 바랐지만 나는 그 사실을 눈치채지 못했다. 그러나 결국 그러한 분위기를 감지하고 병실을 떠났다. 약 20분 정도 후에 나는 다시 병실로 찾아가 환자에게 물었다. "좀 어떠세요?"라고 질문하자 노인은 감고 있던 눈을 뜨고 내게 말했다. "견딜 만합니다." 그러고는 영원히 눈을 감아버렸다.

그는 정말로 자신이 한 말처럼 견딜 만했을까? 아마 그렇지 않았을 것이다. 그가 남긴 마지막 문장 속에 평생의 삶과 행동이 농축되어 있다는 사실을 깨닫기까지 상당한 시간이 흘렀다. "견딜 만합니다"라는 마지막 말은 그의 인생 그 자체를 보여주는 말이었다. 당시 그는 고령이었고 가난했으며 이전에 두 번의 세계대전에 참전했었다. 그러나 단단한 정신과 가치관을 갖고 살아왔기에 그 모든 고난을 이겨낼 수 있었던 것이다. 자신의 인생에 대한 그의 확고한 믿음은 죽음의 문턱 앞에서도 초연하게 "견딜 만합니다"라고 말할 수 있는 여유를 보여주었다.

나는 이 책에서 독자가 만나게 될 최후의 발언들을 최대한 정확하게 전하기 위해 가능한 한 많은 자료를 반복해서 조사하고 검증했다. 그런 노력으로 최후의 단어들이 재현되었지만 그 정확성에 이의를 제기하는 견해도 있을 것이라고 생각한다. 그러나 누군가의 인생과 업적 그리고 죽음의 배경에 관한 짧은 글은 그 자체만으로 우리를 매료시키기에 충분하다. 한 사람의 인생과 그가 마지막으로 남긴 말은 하나의 '유기체'이기 때문이다.

어떤 사람의 근본적인 본성과 그가 남긴 마지막 말은 '항상'이라고 볼 수는 없지만 '대부분' 일치한다. 이 때문에 지난 인간의 역사 속에서 유명인의 마지막 말들이 기록되어 왔다. 그리고 그중 많은 것들이 긴 시간을 넘어 오늘날까지 이어져 오고 있다.

우리는 인간이 죽는다는 사실은 잘 알지만 정해진 날짜는 절대 알아낼 수 없다. 물론 역사에 길이 남을 획기적인 최후의 발언을 듣기 위해 갑작스럽고 예기치 못한 죽음에 반론을 제기하려는 취지로 이 책을 집필한 것은 아니다. 사람들은 각자의 취향에 따라서 죽음을 맞이하고 싶을 것이다. 누군가는 사랑하는 자손들의 품 안에서 죽음을 맞이하고 싶을 수도 있고, 누군가는 오토바이를 타고 달리다 자유롭게 떠나고 싶을지도 모르며, 또는 잠을 자다 평온한 죽음을 맞이하여 아무런 흔적도 남기지 않고 싶을 수도 있다. 그러나 그러한 죽음은 안타깝게도 후세에 아무것도 남기지 못한다. 그래서 나는 사람들이 갑작스러운 죽음을 맞이하기보다는 자신의 존재를 증명할 수 있는 마지막 한마디를 남길 수 있기를 소망한다.

나는 이 책에 3,000년 이상의 인류사에서 너무나 친숙하고 잘 알려진 유명 인사들의 유언을 모았다. 그들의 마지막 말은 감동적이고, 아름다우며 때로는 부질없고 허무하기도 하다. 그리고 그 주인공은 종교인, 철학자, 작가, 과학자, 정치가, 예술가 등에 이르기까지 각양각색이지만 그들

모두가 자기 삶의 방식과 생각을 최후의 발언을 통해 보여주었다. 그리하여 우리는 한 사람의 인생을 있는 그대로 바라볼 수 있다.

죽음은 그 나팔을 미리 불지 않는다. 그래서 우리는 인생의 마지막 시간을 예견할 수 없다. 그러나 이 책을 통해서 알 수 있듯이, 죽음은 우리에게 최소한 '마지막 말'을 남길 시간만큼은 반드시 부여한다.

한스 할터Hans Halter

# 🌿 차례

## 2장 : 바로 내일 죽을 것처럼 오늘을 살아라

## 3장 : 언젠가는 인생이라는 거대한 연극이
##       막을 내리는 순간이 올 것이기에

## 4장 : 죽음보다 더 확실한 삶의 철학은 없다

## 5장 : 그대 이제 자연의 하나로 영원히 남기를

죽음이 물었다,
어떻게 살 거냐고

1장 | 당신의 장례식을
상상해본 적이 있는가

# 부처

buddha, B.C. 560~B.C. 480

세계 4대 성인 중 한 사람이자 불교의 창시자. 지금의 네팔의 카필라바스
투성에서 슈도다나와 마야 부인의 아들로 태어났으며 29세 때 출가하여
35세에 득도했다. 45년 동안 인도 각지를 다니며 포교하다가 80세에 열
반했다.

　　　　　　부처(본명은 가우타마 싯다르타Gautama
Siddhrtha), 이 위대한 득도자는 이미 아주 오래전에 열반에
들었다. 다시 말하면 무無와 하나가 되었다는 말이다. 그러
한 죽음은 불교의 창시자가 가르쳐왔던 것처럼 "존재의 아
픔으로부터의 영원한 해방"이며 인간의 가장 고귀한 목표
라 할 수 있다.

해탈에 이르기 위해서는 덕을 쌓으며 깨달음을 얻어야 한

다. 따라서 일반적으로 불교 입문자가 단 한 번의 시도로 그 경지에 도달하는 것은 불가능하다. 또한 부처는 사람은 어떤 모습으로든 윤회를 하며 그로써 그 혼은 끝없는 속죄의 길을 걷는다고 말했다. 그리하여 하녀의 혼이나 공주의 혼도 생전에 쌓은 업에 따라 개미나 코끼리 같은 동물로, 또 식물로 다시 태어나는 윤회의 길을 걷는다는 것이다.

훗날 부처로 불리게 된 싯다르타는 원래 히말라야산맥 기슭에 자리를 잡은 부유한 왕족이었다. 29세의 이 젊은이는 종교적 깨달음을 위해 부인과 자식 그리고 화려한 생활과 인연을 끊었다. 그는 집과 가족을 버리고 고행과 수도를 하며 설교자의 고되고 힘든 삶을 시작했다. 이러한 심경의 변화는 '4번의 여행'을 겪으면서 생긴 것으로 전해진다. 여행 중에 싯다르타는 한 노인과 병자, 망자, 고행자를 만났고, 그때부터 인간의 고통에 눈을 뜨고 새로운 깨달음을 얻게 됐다고 한다.

그의 종교적 가르침에 의하면 사람은 죄에 따라 벌을 받고 쌓은 덕에 따라 상을 받게 된다고 한다. 불교는 기독교와는 달리 부처가 살아 있는 동안에도 대성황을 이루었고 그 가르침은 아직까지도 지속되고 있다.

80세의 나이로 죽음에 이르게 되자 부처는 수백 명의 신자들에게 마지막 유언을 통하여 화합과 인내를 강조했다.

> "스승이 떠나게 되면
> 너희는 우리에게 스승이 없다고 생각할 수도 있다.
> 하지만 그렇게 생각하지 말거라.
> 내가 너희에게 전한 가르침과 규칙이
> 나의 죽음 뒤에 너희의 스승이 될 것이다."

부처의 시신을 화장하던 날, 승려들은 크게 다투었다. 그렇게 보면 부처의 마지막 당부는 제자들에게 큰 위로도, 길잡이도 되지 못했던 것으로 보인다. 어쩌면 부처는 그런 상황마저도 예상했던 것일지도 모른다. 그가 남긴 최후의 말은 지상의 모든 논쟁이 부질없음을 의미하고 있기 때문이다.

> "태어나는 모든 사물은 덧없으며
> 언젠가는 죽음에 이른다."

# 술탄 살라딘

Sultan Saladin, 1137~1193

이슬람의 정치가이자 이집트 아이유브 왕조의 시조. 쿠르드족 출신으로 1171년에 파티마 왕조를 넘어뜨린 뒤 아이유브 왕조를 창건하여 북아프리카에서 시리아, 이집트, 메소포타미아에 이르는 광대한 제국을 형성했다. 1187년, 십자군전쟁에서 예루살렘을 탈환해 88년간의 프랑크족에 의한 점령 통치를 끝냈다.

알라신은 "이 세상은 정교도(기독교)들의 감옥이다"라고 가르치며 "이 세상은 무신론자들의 천국이다"라고 말한다. 아라비아의 술탄이었던 유수프 살라딘은 기독교도들과 2번의 참혹한 전쟁을 치른 뒤 기독교 왕국의 수도로 상징되는 예수살렘을 정복했다. 왜냐하면 그의 신이 그렇게 원했기 때문이었다.

이라크 티크리트 출신의 이 작은 남자는 강인한 장군이자 카리스마 넘치는 민족의 영웅이었으며, 동시에 영리한 외교관이었다. 1187년, 그는 유럽의 정복자를 상대로 전투를 벌여 승리를 거두고 알라신의 나라에서 십자군을 쫓아내는 데 성공했다. 이는 몇몇 이슬람교의 통치자들이 그보다 먼저 시도했으나 모두 실패한 일이었다.

살라딘은 유능한 술탄이었다. 살아생전 그는 라이벌이었던 일명 사자왕 리처드 1세처럼 폭군이 아니었다. 훗날 독일의 작가 고트홀트 레싱이 그를 『현자 나탄』의 모델로 삼아 시를 지은 것만 봐도 알 수 있다. 살라딘은 유럽의 침략자들에 대항하는 가장 강력한 세력이었을 뿐만 아니라 아랍 지역에서 폭군이 아니었던 첫 번째이자 마지막 군주로 평가받는다.

그가 55세의 나이로 발진티푸스에 감염되었다는 소식이 전해지자 모든 국민이 눈물을 흘렸다. 살라딘은 거의 4주 동안 죽음과 실랑이를 벌여야 했다. 현자들이 그의 곁에 앉아 "알라 외에 다른 신은 없다"와 같은 말들이 담긴 『코란』을 밤낮으로 읽어주었다.

그러나 1193년 3월 4일, 그의 궁전 위로 태양이 서서히 떠오르던 그 순간 그는 눈을 감았다. 죽음에 임박하여 살라딘은 작은 목소리로 속삭였다.

"이제야 유수프가
그의 감옥에서 해방됐구나"

# 율리우스 카이사르

Gaius Julius Caesar, B.C. 100~B.C. 44

로마 공화정 말기의 정치가·장군. 폼페이우스, 크라수스와 함께 삼두정치(고대 로마에서 세 지도자가 동맹하여 행한 전제 정치)를 맺고 로마의 최고 관직인 콘술에 취임했다. 시간이 지나 크라수스가 전쟁 중 전사하고 삼두정치가 붕괴되어 폼페이우스와 대립했으나, 카이사르가 승리하며 마침내 무소불위의 권력자가 되었다. 그가 추친한 원정을 중심으로 하여 쓴 역사서 『갈리아 전기』, 『내전기』가 있다.

꿈꿈꿈

　　　　　카이사르는 로마 역사상 가장 뛰어난 인물이자 가장 많이 주목받은 정치가이다. 사실상 전 로마를 대표하는 인물이라고 해도 과언이 아니다. 사후 2,000년이 훌쩍 더 지난 지금도 그는 전략이 풍부한 정치가이자 장군으로 추앙받으며, 그가 쓴 책 『갈리아 전기』는 세계 각국의 언어로 번역되어 널리 알려져 있다.

카이사르가 살해되던 당시 그에게 붙은 직함은 종류부

터 다양했다. '딕타토르 페르페투아Dictator perpetuus(영원한 독재자)', '임페라토르Imperator(황제)', '폰티펙스 막시무스 Pontifexmaximus(최고 성직자, 오늘날의 로마 교황이 당시에는 그렇게 불렸다)' 또는 최고 재판관으로 불리기도 했다.

그의 초상화는 동전에 새겨졌고, 모든 신전에 그의 대리석 동상이 세워졌으며, 심지어 그의 생일은 국경일로 지정되었다. 이 모든 명예가 로마의 원로원 의원이자 최고 권력자인 그에게 주어졌다. 그러나 권력이 크면 클수록 적대 세력도 커지는 법이다. 카이사르의 막대한 권력과 명예는 결국 그를 제거하려는 음모로 이어졌다.

기원전 44년 3월 15일, 그는 음모의 희생양이 되었다. 카이사르가 의원석에 앉는 순간, 손에 비수를 든 십여 명의 의원들이 그를 에워쌌다. 한 반역자가 평소에는 감히 손도 대지 못하던 최고 권력자의 어깨를 붙잡았다. 카이사르는 그들의 행동에 몹시 분노했다.


"이건 반역이야!"


카이사르가 거세게 소리쳤다. 그러나 첫 번째 비수가 그를 힘껏 찔렀다. 죽어가던 카이사르는 살인자들 사이에서 둘도 없는 친구, 정치가 마르쿠스 브루투스를 발견하고는 나지막이 외쳤다.

### "브루투스, 너마저도…"

약 1분 정도의 시간이 지나고 이 위대한 로마인은 생을 마감했다. 브루투스는 그다음 해에 스스로 목숨을 끊었다.

카이사르의 죽음 이전은 물론이고 이후에도 로마의 권력자들과 지성인들 사이에서는 권력 다툼이 끊이지 않았고, 그때마다 수없이 많은 희생자가 생겨났다. 그리고 로마 제국을 카이사르만큼 통치하는 이는 보기 힘들어졌다.

"이제야 유수프가
그의 감옥에서 해방됐구나."

# 빈센트 반 고흐

Vincent van Gogh, 1853~1890

네덜란드의 화가. 1880년에 화가가 되기로 결심하고 브뤼셀, 헤이그 등
지에서 하층민의 모습과 풍경을 화폭에 담았다. 이후 파리에서 작품 활
동을 하다가 대도시의 생활에 싫증을 느껴 아를로 이주했다. 그곳에서
고갱과의 생활이 시작되었으나 이 또한 순조롭지 못했다. 종종 발작을
일으켰으며 면도칼로 귀를 자르기도 했다. 강렬한 색채로 본인만의 독특
한 화풍을 확립했으며 「별이 빛나는 밤」, 「해바라기」, 「감자 먹는 사람들」
등의 명작을 남겼다.

어느 화창한 일요일, 아를에서 권총
으로 자신의 가슴을 쏜 반 고흐. 그는 사람들에게 인정받
지 못한다는 좌절감, 거듭된 실패로 인한 절망감 그리고
지속적인 우울증에 시달렸고 끝내 자신을 향해 방아쇠를
당겼다.

현재 그가 남긴 작품의 값어치는 한 작품이 수억 달러에
이르는 수준이지만 당시만 해도 이 위대한 화가는 참혹할

정도로 가난에 쩌들어 살았다. 심지어 그는 죽음을 눈앞에 두고 10장의 그림을 정말 터무니없는 가격에 팔아버리기도 했다.

세상을 뜨기 얼마 전, 자기면역성(자신의 조직 성분에 대하여 면역을 일으키거나 과민성인 상태 -옮긴이) 충동에 휩싸인 고흐는 스스로 왼쪽 귀를 잘라버렸다. 그리고 제 발로 정신병원에 찾아가서 입원했다. 본인이 세상으로부터 버림받았다고 생각하게 됐고 이후 모든 것이 공허하게 느껴진 것이었다. 어느 누구도 그를 멈추거나 제지할 수 없었다.

고흐는 죽어가면서 항상 자신을 돌봐왔던 동생 테오에게 마지막 부탁을 남겼다.

"부탁이니까 울지 마.
이게 우리를 위한 최선의 방법이야.
슬픔은 영원히 남는 거야.
난 이제 집에 가는 거라고."

# 체 게바라

Ernesto Che Guevara, 1928~1967

쿠바 혁명을 이룬 공산주의자·남아메리카의 지도자. 1955년, 멕시코에 머무는 동안 카스트로와 함께 쿠바 혁명에 참가했다. 카스트로가 정권을 잡은 뒤 게바라는 국립 은행 총재, 공업 장관 등을 역임하며 '쿠바의 두뇌'라 불렸다. 1965년부터는 볼리비아에서 무장 게릴라 부대를 조직하고 통솔했다.

게릴라에게는 세 가지가 필요하다. 적을 위한 권총, 사후의 명성을 위한 일기장 그리고 행복을 느끼기 위한 굵은 시가.

그러나 아르헨티나 출신으로 쿠바의 성공적인 해방을 이끌어온 영웅이자 혁명의 주인공인 게바라에게는 병든 폐를 위한 스프레이와 천식용 필터가 추가적으로 필요했다. 어렸을 때부터 몸이 약했기 때문이었다. 하지만 그러한 핸

디캡은 아프리카와 남아메리카에서 혁명 전쟁을 치르면서 입은 11번이나 되는 부상에 비하면, 아무런 문제도 되지 않았다.

장발 머리, 거뭇거뭇한 수염이 트레이드마크이고 '체Che'라는 별칭을 갖고 있던 게바라는 젊은 나이에 총탄에 맞아 숨을 거두었다. 그러나 카리스마 넘치는 모습의 그를 담아낸 한 장의 라이카 사진은 사후 수십 년이 지난 지금까지도 많은 사람이 기억하고 있다. 수많은 이들의 가슴에 불을 지핀 그는 대학에서는 의학을 전공했으며 졸업 후 의사가 되었으나, 우연히 여행을 하다가 노예와 빈민의 삶을 보고 빈부격차의 현실을 접하고 큰 충격을 받아 사회주의에 눈을 뜨게 되었다. 한때 볼리비아의 산악 지역이었던 히게라의 순진한 농부들은 그를 신과 동일시했다. 검은 베레모를 쓴 게바라를 가난한 이들의 성자로서 존경했다. 히게라는 신마저 저버린 아주 작은 둥지(약 500명의 인구가 살던 곳)로 모든 문명으로부터 단절된 곳이었다.

1966년에서 1967년에 이르기까지, 게바라는 히게라와 그 주변 지역에서 군사 독재 정치를 펼치며 볼리비아인들이 국가와 교회, 군대 그리고 미국에 대항하는 데 관심을 갖도록 노력했다. 그러나 그 노력은 수포로 돌아갔다. 게바라는 히게라의 작은 학교에서 불꽃같은 생을 마감하게 된다(오늘날 이 학교는 기념관이 되었다).

그의 혁명 과정은 한 편의 드라마와 같다. 처음에 46명의 게릴라로 구성된 그의 작은 군대는 사막에서의 고투와 굶주림 그리고 거듭된 전투로 인해 그 수가 12명으로 줄어들었다. 그들은 더 이상 국민들로부터 도움을 받지 못했으며 보유한 장비마저 모두 고장 난 상태였다. 갈 곳 잃은 무리들은 CIA 요원들에게 정보를 얻은 2,000명의 볼리비아 경찰들에게 추격을 당했다.

마지막 순간, 게바라와 그 무리는 깊은 산속으로 유인당해 총격전을 벌였다. 그 와중에 게바라는 발에 총상을 입었고 그 순간 "쏘지 마시오!"라고 적을 향해 소리쳤다.

"나는 체 게바라이고, 시체보다는 나를 산 채로 체포하는 것이 당신들에게 더 좋을 것이오."

당시 볼리비아에는 공식적인 사형과 같은 형벌이 없었으며, 안전이 보장된 감옥도 없었다. 그는 세계적인 구명 활동을 통해 죽음을 모면할 수 있다고 생각하여 항복 결정을 내린 것이다. 그러나 이것은 잘못된 판단이었다. 다음 날 아침, 그의 하늘은 무너져 내렸다. 그를 체포한 경찰들이 예상 밖으로 신속하게 결정을 내렸기 때문이었다. 그들은 이 혁명가를 가능한 한 빨리 제거하는 것이 낫다고 판단했다. 그때 게바라는 학교에 감금되어 있었다.

정오가 되자 마리오 테란이라는 볼리비아의 하사관이 그가 머물고 있는 방으로 들어왔다. 하사관은 자발적으로 처형 집행을 지원했지만 막상 그의 앞에 서자 침착한 모습을 보일 수 없었다. 게바라가 그를 보며 말했다.

> **"당신이 날 죽이려 왔다는 것을 알고 있소.**
> **떨지 말고 그냥 방아쇠를 당기시오.**
> **당신은 단지 사람 한 명을 죽이는 것뿐이오."**

그렇게 혁명가는 삶을 마감했다. 그에겐 눈앞에 닥쳐온 종말이 '혁명 그 자체의 종말'이 아니라 단지 '한 사람에게 다가온 종말'에 불과했던 것이다.

# 찰스 다윈

Charles Robert Darwin, 1809~1882

진화론을 정립한 영국의 생물학자. 영국 해군 측량선 비글호에 박물학자
로서 승선하여 남아메리카, 남태평양의 여러 섬과 호주 등지의 지질 및
동식물에 대한 세밀한 관찰을 통해 생물의 진화를 확신하게 되고, 그를
바탕으로 1859년, 역사상 가장 중요한 고전으로 손꼽히는 『종의 기원』을
펴냈다.

영국의 신사 찰스 다윈은 일찍이 산
호초, 조개삿갓, 양란, 지렁이, 피리새, 곤충을 잡아먹는 식
물과 사람들에게 잘 알려지지 않은 미지의 섬 또는 인간의
감정 변화에 대한 책을 출판했지만 당시에는 모두 호응을
얻지는 못했다. 그러나 이 자연과학자는 단 한 권의 책 『종
의 기원』으로 무려 기독교의 근간까지 뒤흔들었다. 마치
코페르니쿠스가 천문학적 세계관으로 세상을 혼란에 빠트

렸던 것처럼 말이다.

그 후 약 160년이 지난 오늘날까지도 몇몇 독실한 기독교 국가에서는 '다위니즘Darwinism'이라 불리는 종의 기원에 관한 이론, 종의 투쟁과 존재에 대해 가르치는 것을 금하고 있다. 다윈의 논리는 성경의 7일에 걸친 창조설을 일종의 신화로 치부하고 있다. 그런데 아이러니하게도 다윈은 케임브리지대학에서 신학을 수학하고 시험을 통과하여 영국의 국립교회에서 성직자로 활동할 수 있는 자격을 취득했다. 그럼에도 불구하고 다윈은 성직자가 되는 것을 원하지 않았다.

교육자 집안에서 태어난 다윈은 어릴 때부터 의학과 식물학 그리고 지역학에 관심을 보였다. 또한 그는 5년 동안 영국의 해군 측량선인 비글호에 승선하여 세계를 돌아다녔다. 3개의 돛과 242톤의 무게를 자랑하는 이 범선은 66명의 선원들과 함께 그들의 국왕과 왕립 해군을 위해 온갖 육지와 바다를 떠돌며 위상을 떨쳤다.

하지만 그들 사이에서 일명 '파리 잡이'로 불리던 다윈의 관심사는 조국의 영광이 아닌 다른 데 있었다. 그것은 자연에 관한 것이었지만 그렇다고 해서 생명의 기원 이후로부터 지속적으로 동일한 형태를 지닌 생명체가 아니었다. 진화, 즉 같은 조상에게서 나왔지만 점차적으로 다르게 발전해온 새로운 종의 동물과 식물에 관한 것이었다. 다윈은 이런 변화의 원인을 "지속적인 생존 투쟁을 통한 자연 도태"로 보았다. 지금으로써는 그의 사상이 자연과학자들 사이에서 조금도 논란이 되지 않지만 당시에는 그로 인해 그의 삶 전체가 큰 곤란에 빠질 정도였다. 그리하여 다윈은 영국의 한 조용한 시골에서 은둔 생활을 했고 그 덕에 더 큰 문제에 휩싸이지는 않았다.

훗날 심장병으로 죽음에 이르렀을 때에도 73세의 다윈은 어떠한 섬망 증세도 보이지 않았다. 덕분에 그는 임종 전날, 의식을 잃기 전에 자신의 감정에 대해 비교적 침착하게 말할 수 있었다.

## "나는 죽음 앞에서
## 일말의 두려움도 갖고 있지 않다."

# 쇠렌 키르케고르

Soren Kierkegaard, 1813~1855

덴마크의 신학자이자 20세기 실존주의 철학의 창시자. 어릴 적 아버지에게서 엄한 기독교식 교육을 받았고, 20대가 되어서 스스로 '대지진'이라고 부른 내면의 급격한 변화를 맞이한 이후, 인생과 기독교를 바라보는 시각이 근본적으로 바뀌었다. 1843년 5월, 그의 대표작이자 실존주의 철학의 탄생을 알리는 『이것이냐 저것이냐』를 시작으로 여러 저작을 발표했다. 쓴 책으로 『불안의 개념』, 『죽음에 이르는 병』 등이 있다.

철학자이자 신학자인 쇠렌 키르케고르는 어린 시절에 「유혹자의 일기」를 출판한 바 있다. 페이지가 적고 색정적인 내용의 이 작품은 독자들에게 좋은 반응을 얻었다. 그러나 그 후 20년 동안 그는 색정적인 요소가 전혀 없는 금욕적인 분위기의 책 68권을 집필했다. 그의 책들은 하나같이 어둡고 무거운 주제를 다루고 있다. 키르케고르가 세상에 태어났을 때 아버지의 나이는 이미

57세였고 어머니는 45세로, 사실 그의 탄생은 부모가 전혀 예상치 못한 전개였다. 아버지는 그가 태어나자마자 신에게 저주의 욕설을 퍼부었다고 한다. 그래서인지 이 학자의 모든 작품에는 죄를 짓는 행위가 반복적으로 나타난다.

그의 인생에서 특히 주목해야 하는 부분이 있다면 연인 레기네와의 파혼이다. 키르케고르는 레기네에게 강렬히 이끌려 다가갔으나 약 11개월 뒤 일방적으로 청혼을 파기했다. 그 이유는 정확히 알려지지 않았다. 이후 키르케고르는 목사직을 사임한 뒤 30년 동안 재야의 학자로 살아왔다. 그는 신과 세상, 죄와 속죄 그리고 존재와 두려움에 대해서 깊이 고찰했다. 마침내 "진정한 기독교 정신이란 세상적인 것을 단념하는 것이다"라는 결론을 내리게 되었고 그런 사상이 그를 생의 마지막까지 심술궂고 까다로운 노인으로 남게 했다.

시간이 흘러 어둡고 불길한 징조가 키르케고르를 덮쳤다. 거리의 한복판에서 발작을 일으키며 쓰러진 것이다. 그는 병원에서 성사받기를 거부했고 결국 속죄하지 못한 채 죽음을 맞이했다. 임종이 다가오자 키르케고르는 자신의 암울한 철학에 입각하여 마지막 말을 시로 표현했다.

"나는 범죄를 통하여 태어났네.
나는 신의 뜻을 거스른 채 만들어졌다네.
그러니 나의 생명을 앗아가다오!"

# 알베르트 아인슈타인

Albert Einstein, 1879~1955

유대계 태생의 미국의 이론 물리학자. 당시 지배적이었던 갈릴레이나 뉴턴의 역학을 송두리째 흔드는 특수상대성이론, 일반상대성이론을 차례로 발표했고, 1921년 광전효과 연구와 이론 물리학에 기여한 업적으로 노벨 물리학상을 받았다. 이후 히틀러가 집권하자 미국 프린스턴대학의 초청을 받아들여 그곳에 정착했다. 1939년, 동료 과학자들의 요청에 따라 미국 루스벨트 대통령에게 보내는 원자 폭탄 개발을 촉구하는 서한에 서명했으나 종전 후에는 반전주의자로서 세계 평화 운동에 헌신했다.

과학의 역사를 다시 쓴 천재 물리학자 아인슈타인은 루터, 베토벤, 히틀러 그리고 베켄바우어(독일 축구선수 출신의 감독)와 어깨를 나란히 하는 세기의 가장 유명한 독일인 중 한 사람이다. 그를 독일인으로 간주했을 경우에 말이다.

아인슈타인은 인류의 물리학적 세계관을 전복시킨 대단한 위인이다. 아인슈타인 이전의 인물로 그와 동급으로 비교할 수 있는 사람은 알렉산드리아의 학자 프톨레마이오스와 영국의 뉴턴뿐으로, 그들 또한 새로운 논리로 세상을 놀라게 했다. 동시에 그는 평화주의자이며 유대 민족주의자이자 재능 있는 바이올린 연주자이기도 했다. 그리고 바람둥이였다. 수많은 여인이 자석에 끌리는 쇠붙이처럼 그에게 매료되었다.

아인슈타인은 학창 시절에 단 한 번도 낙제한 적이 없었다. 아마도 이 일화 역시 역사를 움직인 위대한 인물들이 하나쯤 갖고 있는 동화 같은 이야기일 테지만 그렇다고 이 노벨상 수상자가 그의 명성을 한순간에 일구어낸 것은 아니다. 아인슈타인은 스위스 국립공과대학 물리학과를 졸업한 후, 7년 동안 베른에서 특허국의 관리로 근무했다. 그곳에서 그는 3등급 기술 연구원이었다. 아마도 특허청에서 근무했던 기간 동안 아인슈타인은 창조적인 사고를 할 수 있는 자유로운 시간을 가졌을 것이다.

1905년, 아인슈타인은 네 가지 학구적 연구에 관한 책을 출판했다. 책을 통해 아인슈타인은 다른 이들보다 대담하게 자신의 주장을 펼쳐나갔고, 또한 30세라는 젊은 나이로 교수로 임명되었다. 당시 발표한 그의 연구 중에서 유일하게 17쪽 분량의 원자 크기에 대한 학위 논문만이 그나마 알기 쉽다는 평이 있다. 그런데 놀랍게도 이 논문에는 그 어떤 참고 도서 목록도 수록돼 있지 않다. 모든 내용이 오로지 그의 머릿속에서 나온 것이다.

물질이 가진 에너지에 대한 공식인 아인슈타인의 'E=mc$^2$'이 발표되던 당시, 거의 대부분의 물리학자들은 그 진정한 의미를 이해하지 못했다. 이전의 다른 과학자들이 주장한 것과 달리 아인슈타인의 원리에 따르면 시간과 공간은 불변하는 것이 아니었다. 아인슈타인의 이론은 여러 실험을 통해 증명됐고, 결국 그는 1921년에 노벨상을 받았다.

1914년 이후로 그는 베를린에서 새로운 시대의 전설적인 영웅으로 칭송받았다. 하지만 정작 나치는 그를 증오했다. 나치는 아인슈타인을 향해 "세계를 상대로 허풍을 치는 유대인"이라며 조롱했다. 나치로부터 핍박을 받던 아인슈타인은 1933년에 미국으로 이민을 갔지만 그곳에서는 FBI가 그를 감시했다. FBI는 아인슈타인이 소련이 보낸 스파이, 공산당이라 여기며 그가 사망할 때까지 추적을 했는데, 그 보고서의 양만 자그마치 1,500쪽이 넘는다.

그럼에도 그의 위대한 연구들과 더불어 자유로운 행동과

삶의 방식 그리고 용기와 때때로 보이던 괴짜 같은 행동 (가끔 그는 양말 신는 것을 잊어버리곤 했다) 덕분인지 아인슈타인은 전 세계인의 존경과 사랑을 받았다.

시간이 흘러 1948년이 되었고, 의사들은 그에게 혈관확장증인 복부 대동맥류가 발병했음을 진단했다. 하지만 아인슈타인은 수술받기를 거부했는데, 그 이유는 삶을 인공적으로 연장하는 행위를 탐탁지 않게 생각했기 때문이었다. 그로부터 7년 후 아인슈타인은 사망했다. 사후 그의 복부를 절개하자 이미 동맥류가 창자에 유착되어 수술이 불가능한 상태였음을 알 수 있었다. 결국 아인슈타인이 수술을 거부한 것이 혜안이었으며 정확한 결정이었다는 사실이 증명된 셈이다. 그 외에도 그에게는 간경변 증세가 있었는데 이는 1차 세계대전 때 걸린 간염 때문이었다.

신이 선택한 위대한 천재, 아인슈타인은 아주 조용한 죽음을 맞이했다. 끝으로 그는 수양딸에게 작별 인사를 했다.

## "이 세상에서 내가 할 일을 다 한 것 같구나"

아인슈타인의 시체는 본인의 희망에 따라 화장되었고 그

재는 강물에 뿌려졌다. 다만 그의 뇌는 한 병리학자가 따
로 훔친 것으로 알려져 있다.

# 볼프강 모차르트

Wolfgang Amadeus Mozart, 1756~1791

오스트리아의 작곡가. 하이든과 함께 18세기 빈 고전파를 대표하는 인물이다. 어려서부터 음악적 천재성을 보였는데 8세에 교향곡을, 10대에 첫번째 독일 오페레타(가벼운 희극에 노래나 춤을 곁들인 음악극)「바스티엔과 바스티엔느」를 만들 정도였다. 오스트리아 잘츠부르크 궁정 음악가로 일하다가 1780년 말경에 빈으로 옮겨 작곡 및 연주 활동을 했다. 그가 쓴 작품 중에서 오페라「피가로의 결혼」,「돈 조반니」 등이 대표작으로 꼽힌다.

모차르트는 5살 때 첫 미뉴에트를 작곡했고, 죽기 바로 전날까지「레퀴엠」을 작곡했다. 그러나 결국 그의 마지막 작품은 미완성으로 남아 있다. 각종 피아노 연주곡, 왕궁과 교회 음악, 심포니 그리고 유명한 오페라 곡들(「후궁 탈출」,「돈 조반니」,「마법 피리」 등) 같은 명작을 남긴 위대한 작곡가이자 피아니스트, 궁정 음악가는 왜 그렇게 빨리 세상을 떠났을까.

안타깝게도 모차르트의 건강 상태를 돌봤던 의사들이 아무런 정보도 남겨두지 않아 그의 정확한 사인은 아직까지 명확하지 않다. 열정적인 남편보다 거의 50년의 세월을 더 산 모차르트의 아내 콘스탄체는 결혼 생활에 대해 여러모로 부풀려서 이야기를 했다. 그래서 그녀의 말은 신빙성이 높지 못하다. 콘스탄체는 모차르트의 죽음을 두고 음모설을 제기하기도 했지만 이 역시 여러 가지 가능성 중의 하나에 불과하다.

여러 문학 작품 및 오페라를 보면 이탈리아 출신의 궁정 음악가 안토니오 살리에리가 모차르트와의 경쟁에서 밀려나 오래전에 이성을 잃고 음모를 꾸민 '악인'으로 평가받고 있다. 그러나 그가 모차르트를 죽음으로 몰고 갔다고 추측되는 수은에 대한 이야기도 정확하게 입증된 것은 아니다. 또 다른 설로는, 모차르트가 죽기 전해에 매독을 치료하기 위해 과량의 맹독성 금속을 사용했기 때문이라는 가정도 있다. 그리고 세 번째 가설로 병으로 고통받던 그가 지나친 사혈 시술로 인해 죽음을 맞이했다는 추측이 있으나 실은 요독증으로 인한 신부전증으로 사망했다는 추측에 무게가 실리고 있다.

여하튼 모차르트의 병력과 각종 증상(근육 약화, 우울증 등)은 이미 그의 병이 말기까지 이르렀음을 알려주고 있었다. 그럼에도 모차르트는 죽은 이들을 위한 곡「레퀴엠」의 작곡을 강행했다. 타인으로부터 의뢰받은 일이었지만 그는 부인에게 다음과 같이 털어놓았다.

## "내가 이 곡을 쓰는 것은 나를 위한 일이기도 하오."

모차르트가 아내에게 주는 생활비는 그의 마지막 고용주였던 황제 레오폴드 2세의 기분에 따라 결정되었다. 황제가 모차르트에게 주는 월급이 아주 넉넉한 편은 아니었으나 그래도 대체로 무난했다.

어쨌거나 공식적으로 남아 있는 모차르트의 사인은 '펄펄 끓는 고열'로 기록되어 있다. 그리고 그의 장례식은 당시 기준으로 3등급, 돈으로 환산하면 11굴덴 56크로이처짜리로 가난한 사람들이 조촐하게 기본적으로 행하는 의식조차 따르지 못한 수준이었다. 모차르트는 성 마르크스 묘지에 조문객도 없이 무덤에 안치되었으며, 무덤이라고 해봐야 십여 개의 관을 서로 쌓은 채로 파묻는 구덩이에 불과했다(한 사람을 위한 무덤이 아닌 공동 무덤은 그 당시의 관습이었다).
그리하여 모차르트의 마지막 안식처에 대한 정확한 위치
는 아직까지 알려지지 않고 있다.

# 코코 샤넬

---

Gabrielle Bonheur Coco Chanel, 1883~1971

프랑스의 의상 디자이너. 1910년, 파리에 여성용 모자 가게를 열면서 모
자 디자이너로 활동을 시작했고, 제1차 세계대전 이후 여성복 디자이너
로 전향했다. 간단하고 입기 편한 옷을 모토로 기존의 답답한 속옷이나
장식이 많은 옷으로부터 여성을 해방하는 선구자적 역할을 했다.

코코 샤넬의 본명은 가브리엘 샤스
넬Gabrielle Chasnel로 그녀는 프랑스의 한 작은 마을에서 태
어났다. 샤넬은 삶의 가장 빛나는 순간을 위해 '리틀 블랙'
패션을 창조했다. 또한 샤넬 복장을 착용한 여성이 스타
일과 분위기 등 그 모든 것을 조화롭게 완성하기 위해서는
샤넬 넘버5 향수를 뿌려야 한다고 조언했다.

보수적 여성관이 지배적이던 1970년대, 당시에도 샤넬은

이미 전문직 여성으로서 패션계의 다른 동료들과 달리 지난 세기의 여성상을 변화시키며 새로운 주장을 펼쳤다. 샤넬은 일생 동안 새로운 스타일을 창조했다. 처음에는 커다란 챙이 달린 모자로 시작하여, 그다음에는 코르셋과 긴 치마를 없애버렸고, 또 수영복과 유혹적인 패션 소품들을 창조했다. 그리고 죽을 때까지 늘 새로운 유행을 창조하는 파리의 패션하우스를 운영했다.

또한 고령의 나이가 되었을 때에도 항상 활동적이며 부지런한 모습을 보였다. 그러나 안타깝게도 갑작스런 뇌출혈로 인하여 자리에 눕게 되었다. 시간이 흐를수록 샤넬은 시간, 장소와 상황에 대한 기억들을 차츰 잃어버렸다. 그렇게 시간은 점점 흘러갔으나 그럼에도 불구하고 샤넬은 항상 바느질을 하고 액세서리를 만들었다. 하지만 어느 순간부터 아무런 이유 없이 그녀는 무언가에 쫓기는 듯한 불안감에 휩싸였다.

코코 샤넬 생애의 마지막 날인 1971년 1월의 어느 일요일, 그녀는 오랫동안 머물렀던 리츠호텔의 스위트룸에서 곱게 차려입은 채 침대에 누워 있었다. 샤넬은 평생을 미혼으로 살았고 당시 그녀의 곁에는 직원들이 있었다.

**"아! 당신이 날 죽이고 있어요."**

도대체 누가 그녀를 죽인다는 것일까? 또한 어떤 이유로 그렇게 말했을까? 정확한 것은 누구도 알 수 없었지만 그녀는 계속해서 말했다.

**"당신은 날 죽이려 하시는군요."**

이렇게 말한 87세의 디자이너는 살포시 눈을 감았다. 그녀를 괴롭히는 듯했던 망상은 사라진 것처럼 보였다. 끝으로 샤넬은 다음과 같이 속삭였다.

**"결국 사람은 죽는구나."**

# 마르틴 루터

Martin Luther, 1483~1546

독일의 종교 개혁자·신학자. 아우구스티누스 수도회에 들어가 1507년에 사제가 되었다. 이후 로마 교황청의 면죄부 판매에 반대하며 이에 대한 항의서로 95개조 논제를 발표하여 교황에 맞섰고, 『신약성경』을 독일어로 번역했는데 이는 종교 개혁의 발단으로 이어졌다. 쓴 책으로『그리스도인의 자유에 대하여』,『로마서 주석』이 있다.

자신만의 확고한 윤리적 가치관과 넘치는 카리스마로 가톨릭교회를 붕괴시킨 루터는 사실 독일에 있는 아우구스티누스 수도회의 수도사였다. 광부의 아들로 태어나 법학을 공부하던 이 젊은이는 내면의 갈등하는 양심과 지옥에 대한 두려움 사이에서 고뇌하고 있었다. 그러던 어느 날, 잔혹한 날씨 때문에 내뱉은 가벼운 약속("성모 마리아시여, 도와주세요. 그러면 수도사가 되겠습니다")을 지키기 위해 1505년에 아우구스티누스 수도원에 들어가게 되었다.

그로부터 1년 반의 시간이 흐른 뒤 신부가 되었고, 1512년에 29살의 루터는 비텐베르크대학의 신학 교수로 취임했으며, 5년 뒤에는 그 유명한 '95개조 논제'를 가지고 교회 성문을 공격했다. 그러나 돌아온 반응은 예상보다 미약했다. 왜냐하면 교황과 그의 사병 그리고 로마의 추기경들이 그 내용에 대해서 정확하게 통보받지 못했기 때문이었다.

당시 교회를 분열시킨 핵심 원동력은 갓 발명된 인쇄술이라 할 수 있다. 덕분에 루터의 대담한 행위와 개혁 사상이 널리 알려지게 된 것이다. 그 결과 새로운 복음주의 교회가 탄생했고 이는 오늘날까지 이어지고 있다. 루터는 본인이 발표한 95개조로 인해 가톨릭교회로부터 추방당했지만 종교 재판이나 심지어 생명까지 위협한 암살 시도에도 살아남았다. 또 도망친 수도사와 수녀가 모두 '반 그리스도인'으로 간주되었음에도 불구하고 루터는 수도원에서 도망친 수녀와 결혼했고 슬하에 6명의 자식을 두었다.

그러나 안타깝게도 세월이 흘러 참기 힘든 허기짐과 목마름은 그의 몸을 점점 비대하게 만들었고, 그 때문에 일명

'제왕의 병'이라고 불리는 통풍으로 고통을 받으며 심장병까지 앓게 되었다.

루터는 62세 때 침대에 누운 채로 고향 아이슬레벤을 향해 생애 마지막 여행을 떠났다. 죽음을 앞둔 그는 매우 두려워했다.

### "아프고 두렵지만 그곳으로 갑니다."

그때 루터의 나이는 당시 평균 수명을 훌쩍 넘은 상태였다. 죽기 전에 그는 두 손을 하늘로 경건히 들고 자애로운 하느님에게 죄 많은 영혼을 받아줄 것을 간청했다. 그리고 마지막으로 자신이 깨달은 한 가지 사실을 나직이 말했다.

### "우리가 가진 것이 아무것도 없는 빈털터리라는 것은 사실입니다."

"나는 죽음 앞에서
일말의 두려움도 갖고 있지 않다."

# 다이애나 스펜서

Diana Frances Spencer, 1961~1997

웨일스 공작 부인·영국의 전 왕세자비. 영국 찰스 3세 왕의 비였으나 남편과의 불화로 1996년 8월에 이혼했다. 이후 지뢰 사용 금지 운동, 후천성면역결핍증AIDS 환자를 돕는 자선 활동 등을 활발히 펼치며 세간의 주목을 받았다.

　　　　　찰스 왕세자와 이혼한 다이애나는 늦은 밤에 갑작스러운 교통사고를 당했다. 이 사고로 그녀는 화려하고도 불행했던 삶을 하루아침에 마감하게 되었었다. 그래도 다이애나에 대한 대중의 평가는 매우 높은 편으로 여전히 전 세계의 많은 사람이 칭송하고 있다.
사고가 발생한 그날, 그녀를 태운 메르세데스 벤츠 리무진은 파파라치를 피하기 위해 빠른 속도로 달리다 콘크리트

기둥과 충돌하며 차체가 거의 부서졌다. 벨기에인인 그녀의 운전수는 음주 상태였으며 그 자리에서 즉사했고, 동승한 다이애나의 연인도 그 자리에서 사망했다. 영국인 경호원만이 심한 부상을 입었지만 살아남았다.

당시 사고 직후, 구조대원이 도착했을 때 다이애나는 다치긴 했으나 살아 있는 상태였다. 외관상으로 보기에 상처는 약한 찰과상에 불과했지만 심한 충돌로 인해 심장과 폐를 연결하는 대동맥이 이미 끊어진 상태였다. 다이애나의 체내에는 피가 흘러넘치고 있었고, 응급 수술이나 심장 마사지로 그녀를 구할 수는 없는 상태였다.

소방대원들이 다이애나를 부서진 차체에서 구출한 순간 그녀의 귀와 코에서 피가 흘러나왔다. 다이애나는 잠시 의식을 되찾고 제복을 입은 소방대원에게 물었다.

> **"무슨 일이 일어난 거죠?**
> **도대체 뭐가 문제죠?"**

# 헨리 데이비드 소로

Henry David Thoreau, 1817~1862

미국의 수필가·사상가. 1837년, 하버드대학 재학 중 시인 에머슨을 만나 초월주의(현실 세계의 유한성을 부정하고 인간의 감각으로 파악할 수 없는 초월적 세계가 실제로 존재한다고 믿는 사상) 잡지 《다이얼》을 창간했고 이를 통해 여러 작품들을 발표했다. 잡지가 폐간된 후에는 월든 호숫가에서 전원생활을 즐기며 미국 문학의 고전으로 불리는 『월든』 등을 썼다.

넓고 아름다운 들판과 깨끗한 물줄기, 위풍당당한 동물들이 미국 메사추세츠주 콩코드에 위치한 월든 호숫가로 새로이 이주한 소로를 매료시켰다. 그는 광활한 북아메리카의 자연을 눈앞에 두고 인간이라면 필연적으로 느끼고 받아들일 수밖에 없는 고독을 느꼈다. 소로는 하버드와 캠브리지대학에서 수학했음에도 불구하고 학자의 길을 걷고 싶어 하지 않았으며 세속적인 명예나

부에도 관심을 두지 않았다. 그가 원한 것은 오직 자연과 가까운 삶이었다.

콩코드 출신의 소로는 20살 때부터 세상을 떠돌아다녔고, 한때는 통조림이나 사냥에 반대하는 이상주의자로 활동하기도 했다. 그는 『들판과 숲으로의 여행』, 『월든』 등 여러 권의 책을 썼는데, 특히 대표작인 『월든』은 세계 각국의 언어로 번역되어 아직까지도 큰 사랑을 받고 있다.

지병인 폐결핵으로 일찍 세상을 뜬 소로의 모든 작품은 11권의 책으로 편찬됐다. 죽음을 눈앞에 둔 순간, 목사가 그에게 항상 하느님과 함께했는지 물었다. 평소 자신의 모든 작품을 하느님의 창조물로 헌사했었던, 미국에 가장 큰 영향력을 끼친 자연주의 작가가 조용히 대답했다.


### "하느님과 언쟁한 적은 단 한 번도 없군요."

# 마호메트

Mahomet, 570~632

이슬람교의 창시자. 사우디아라비아 메카 교외의 히라산에서 신의 계시를 받아 유일신 알라에 대한 숭배를 전파하기 시작했다. 다만 점차 박해가 가해지자 622년에 70여 명과 함께 메카를 탈출하여 메디나로 갔다. 630년 그동안 메디나에서 군세를 키워 마침내 메카를 정복했고, 이후 중동 전역의 각 부족이 이슬람교를 받아들여 교단 형성이 이루어졌다.

사우디아라비아 메카 출신이며 압둘라의 아들로 태어난 마호메트가 새로운 종교를 창시한 것은 나이가 40세가 됐을 때였다.

어느 날 마호메트는 어두운 동굴에서 명상을 하다가 알라신의 계시를 받고 이슬람교 경전 『코란』의 첫 문장을 기록했다(참고로 『코란』은 그 예언과 설교가 114장의 아랍어 구절로 이루어져 있다). '신의 사도'라 불리는 마호메트는 그때 "알라신 외에 다른 신이란 존재하지 않으며 그 유일한 예언자가 바로 나 마호메트이다"라는 것을 깨달았다. 이렇게 예수 그리스도의 사후 600년이 흐른 시점에 세상에서 두 번째로 강력하며 신을 경외하는 종교인 이슬람교가 탄생했다.

마호메트의 통솔 아래 이슬람교는 아라비아와 주변 국가의 종교로 자리 잡았지만 그렇게 되기까지 거센 피바람이 몰아쳤다. 마호메트는 망명지인 메디나에서 고향인 메카를 향해 칼을 들고 전투를 지휘했다. 마침내 그는 아라비아 전역을 종교적·정치적으로 단합시키는 데 성공한다.

태생부터 가난하고 힘없던 집안의 아이가 이러한 길을 걷게 될 것이라고는 누구도 예견하지 못했다. 한때 마호메트는 몇십 년 동안 양치기나 낙타몰이꾼으로, 때로는 여기저기를 옮겨 다니던 상인 무리에서 일하기도 했다. 그를 따르는 첫 신도들은 여성들과 가난한 사람들이었다. 시간이 흐를수록 마호메트는 점차 알라신의 예언자로 인정받게 되었다. 신도들은 선지자이자 예언자인 마호메트의 말에 따라 지상에서 누리는 행복이 삶의 전부라고 받아들이지 않았다. 그들은 전부 죽은 뒤에 천국에서 누릴 새로운 삶이 있음을 믿어 의심치 않았다. "자고로 지상의 세계란 그저 영생이라는 장미의 희미한 향기에 지나지 않는다."

시간이 흘러 마호메트가 병들어 자리에 눕자 할렘에 속한 여인들은 평소 그가 가장 사랑하던 부인 아이샤에게 그를 돌보도록 했다. 죽음의 문턱에 선 마호메트는 고열과 그에 따른 괴상한 환상으로 괴로워했고 마지막으로 그의 신에게 이렇게 호소했다.

**"알라시여, 나의 사투에 함께하소서."**

# 루이 16세

Louis XVI, 1754~1793

프랑스 부르봉 왕조의 마지막 왕이자 프랑스 역사상 처음이자 마지막으로 단두대에서 죽음을 맞이한 비운의 왕. 부르봉 왕가 출신의 다섯 번째 왕으로 루이 15세의 손자이다. 아버지가 30대의 젊은 나이에 폐결핵으로 사망하자 1774년에 루이 16세가 왕위에 올랐다.

루이 16세의 품행은 선량하고 성실한 편이었다. 그러나 난국을 타개할 만한 기량은 갖지 못했다. 폭군은 아니었지만 그렇다고 정치적으로 뛰어난 자질은 갖지 못한 것이다.

재위 기간 중 재정 개혁을 하기 위해 국민의 동의를 얻고자 성직자, 귀족, 평민 출신으로 구성된 신분제 의회인 삼부회를 소집했으나, 1789년 7월 14일, 파리 시민의 바스티유 감옥 습격으로 프랑스 혁명의 막이 오르고 그때 루이 16세는 체포되어 몇 년 뒤인 1793년에 처형되었다.

처형대에서 루이 16세는 다음과 같이 외치다 그의 목젖에서 마지막 연설이 끝나기도 전에 기요틴(단두대. 프랑스의 의사이자 정치가 이냐스 기요탱이 발명한 사형 집행 기구)의 칼날이 떨어졌다.

> "…나는 비록 죄가 없지만 죽음을 맞이한다….
> 나는 나의 피가 프랑스를 위해 사용되기를 기원하고
> 그리고 신의 화를 잠재우기를 바란다.
> 그리고 너, 불행한 민족에게도…"

몇 초 후. 집행관은 관중에게 잘린 왕의 머리를 들어올려 보여주었다.

# 마리 앙투아네트

Marie Antoinette, 1755~1793

루이 16세의 왕비. 오스트리아 여왕 마리아 테레지아의 막내딸로 태어나 1770년에 루이 왕세자와 결혼하여 몇 년 후 왕비가 되었다. 검소한 편이 었던 루이 16세와 달리 사치가 심했던 것으로 알려져 있으나 이는 실제 로 확실치 않다.

1785년의 '다이아몬드 목걸이 사건' 은 왕비 마리 앙투아네트의 명성에 흠집을 냈다. 결론부터 말하자면 이는 사기 사건으로, 한 백작 부인이 추기경에게 왕비가 고가의 다이아몬드 목걸이를 국왕 모르게 타인의 명 의로 구입하기를 원한다고 속여 대리 구매를 하도록 유도한 후 중간에서 본인이 가로챈 것이다. 추기경은 왕비의 환심 을 얻기 위해 이 사건에 동참하게 되었다고 털어놓았다.

목걸이를 두고 진실과 거짓이 여러 갈래로 드러나는 가운데, 마침내 왕비는 이 사건과 무관하며 결백하다는 진상이 드러났음에도 불구하고 시민들은 이를 믿지 않았다. 이후 프랑스 혁명이 발발하자 왕비는 1789년에 파리의 왕궁으로 연행되어 불안한 생활을 하다가 마침내 1793년 10월 16일, 단두대의 이슬로 사라졌다. 국민의 역적이었던 마리 앙투아네트는 남편 루이 16세와 마찬가지로 참수형을 받았다.

마지막까지 에티켓과 품위를 지키려 했던 왕비 그리고 오스트리아 여황제 마리아 테레지아의 딸이었던 그녀는 형장에 들어서며 사형 집행인의 발을 실수로 밟았고, 다음과 같이 우아하게 말했다.

**"미안해요, 그건 고의가 아니었어요."**

# 네로 황제와 철학자 세네카,
# 같지만 다르게 죽은 두 사람

고대 로마의 황제 네로Nero Claudius Caesar Augustus Germanicus는 집권 초기 약 5년 동안은 노예를 해방하고, 감세 정책을 펼치고, 매관매직의 폐단을 시정하는 등의 선정을 베풀었으나 점차 포악한 성격을 드러내기 시작했다. 64년에는 로마 화재의 책임을 기독교도에게 전가해 대학살을 감행하는 등 정치가 파국으로 치달았다. 또한 어린 시절부터 스승이었던 로마의 스토아 철학자 세네카Lucius Annaeus Seneca에게 돌이킬 수 없는 명령을 내리기도 했다.

17세의 나이에 근위병과 원로원의 도움으로 최고권력자가 된 네로 황제는 즉위한 후 자신의 형제와 부인, 심지어 어머니까지 살해했다. 앞서 말했듯 기독교인에 대한 박해도 대단했다. 그러나 널리 알려진 것처럼 그들이 로마에 화재를 일으켰는지는 정확히 증명되지 않고 있다.

네로는 자신을 예술가이자 연기자, 건축가 때로는 운동선수(마차 경주)로도 생각했고, 그의 방탕한 생활은 끝이 없었다. 황제에 오른 지 14년이 지나자 그의 방탕함과 폭력을 (다행히 그는 그리스와는 평화롭게 지냈다) 더 이상 참아낼 수 없었던 신하들이 결국 반란을 일으켰다.

마침내 네로는 통탄의 눈물을 흘렸고 자신의 목에 단도를 대면서 스스로 목숨을 끊었다.

> ## "한 예술가가 가고,
> ## 세계는 혼란스러워지는구나."

철학자 세네카는 54년에 네로가 제위에 오르자 섭정이 되었다. 그는 네로의 과욕에 위태로움을 느껴 62년 관직에서 은퇴했으나 3년 뒤 네로로부터 반역 혐의로 의심받게 된다. 미치광이 황제는 세네카에게 죽음을 택할 것을 명령했다. 명령을 받은 세네카는 스스로 자신의 팔과 다리의 혈관을 끊었으나 죽음은 쉽게 찾아오지 않았다. 침착하게 그는 하인에게 독을 가져다줄 것을 요청했다. 하인이 건넨 독을 삼킨 뒤 세네카는 다음과 같이 말했다.

> **"나는 이 잔을 나의 해방자**
> **주피터 신에게 바칩니다."**

마지막 말을 마치고 세네카는 약효가 나타나기를 공허하게 기다렸다. 그는 말로 설명하지 못할 크나큰 고통을 침착한 태도로 참아내며 금욕적인 모습으로 자리에서 일어나 옆방으로 향했다. 그리고 그곳의 뜨거운 수증기 속에서 질식사했다.

## 2장

바로 내일 죽을 것처럼
오늘을 살아라

# 오스카 와일드

Oscar Wilde, 1854~1900

영국의 소설가. 옥스퍼드대학에서 수학했으며 예술을 위한 예술, 즉 탐미주의를 주창했다. 시 「라벤나」로 뉴디기트 시·문학상을 수상하면서 런던 사교계에서 인기와 비난을 동시에 얻었다. 1891년에는 첫 장편소설 「도리언 그레이의 초상」을 발표했다. 1895년에는 동성애로 인해 2년의 실형을 선고받았다. 쓴 작품으로 「행복한 왕자」, 「윈더미어 부인의 부채」, 「살로메」 등이 있다.

　　　　　세계적으로 명성을 떨친 영국 소설가 그리고 사교계에서 인기와 비난을 동시에 차지한 인물이었던 오스카 와일드는 화려한 삶을 추구하며 높은 심미안을 가진 자기 자신에 대해 이렇게 말하곤 했다.

"나는 다른 모든 것은 버릴 수 있지만 화려한 삶만은 버릴 수 없소."

그러나 와일드는 젊은 나이에 수많은 빚과 불후의 명언들만을 남긴 채 가난 속에서 죽음을 맞이했다. 다만 그는 임종을 맞이할 때, 파리 알자스호텔 방에 펼쳐진 카펫에 대해서 다음과 같이 가볍게 농담을 던지기도 했다.

"카펫 또는 나, 우리 둘 중 하나는 치워져야만 할 것 같소."

그는 평소 독주를 즐겨 건강이 나쁜 편이었고 또 매독으로 고생하고 있음에도 샴페인을 주문했다. 평소 종교에 경솔한 냉소를 퍼붓던 그였지만 "가톨릭이야말로 죽음과 함께할 수 있는 유일한 것"임을 깨닫고 정부를 보내 자애로운 신부를 데려올 것을 부탁했다.

정부는 커스버트 던 신부를 데려왔고, 신부는 오스카에게 가톨릭 세례를 행하고 병자 성사를 치러주었다. 죽음을 앞둔 와일드는 고열에 시달렸으며 거기에 뇌막염으로 인한 섬망 증상도 계속되었다. 그는 침대에 누워 지난날을 회상했다.

"예전에 나는 돈이 인생에서 가장 중요한 것이라고 생각했어. 그런데 돌이켜보니 새삼 깨달았지 뭐야, 그것이 진리였음을."

와일드는 샴페인 한 잔을 들이키고 아편 주사를 한 대 맞은 뒤 다시 원래의 모습으로 돌아올 수 있었다. 그는 쾌활하고 풍자적인 목소리로 말했다.

> "나는 지금까지 살아온 것처럼
> 내 처지를 넘어
> 분에 넘치게 죽음을 맞이하네."

# 칭기즈 칸

Chingiz Khan, 1162~1227

몽골제국의 창시자이자 제1대 왕. 몽골족을 통일하고 칭호를 받아 몽골제국의 킨이 되었다. 중앙아시아를 평정하고 아드리아해까지 정벌하여 동서양에 걸친 대제국을 건설했다.

　　　　　　칭기즈 칸(본명은 테무친Temuchin)의 기마 부대는 무적이었다. 기마 부대는 늘 활과 화살, 휘어진 검과 창 그리고 방패를 지니고 다녔다. 그들이 타는 말은 야생마였으며 기병들 또한 야생마처럼 강력한 힘을 소유했다. 매주 무려 600킬로미터를 이동할 수 있었기 때문에 마치 번개처럼 여기저기에서 전쟁을 치를 수 있었다.

인류 역사상 가장 위대한 군사 전략가이자 정복자로 칭송받는 칭기즈 칸은 항상 수만 명의 기마 부대를 이끌고 전투를 치렀으며 모든 전투에서 승리했다. 그의 군사들은 활쏘기에도 뛰어났다. 순간적으로 왼쪽을 주시하면서 오른쪽 과녁을 정확히 맞혔고, 말을 타고 전진하면서 뒤를 돌아보며 화살을 쏘기도 했다.

그의 승전보는 전 세계에 무섭게 퍼져나갔다. 칭기즈 칸이 죽은 뒤 그의 아들들은 인류 역사상 가장 커다란 왕국을 지배했는데, 그 규모는 중국과 태평양 해안으로부터 인도와 동양의 여러 나라를 포함하여 서유럽까지 이르렀다. 칭기즈 칸은 정복한 지역에 새로운 여러 도시를 세웠음에도 어느 한곳에 정착하지는 않았다. 오직 대초원과 전쟁만이 그의 운명이었다.

칭기즈 칸이라는 칭호는 '진정한 세계 군주' 또는 '바다와 같은 지배자'라는 의미로 그의 위상을 그대로 나타내는 것이라 할 수 있다. 키가 작긴 해도 다부진 체격을 갖고 있으며, 전쟁에서는 혹독하게 지휘했지만 승리자들에겐 관대한 군주였기 때문에 얻게 된 이름이다. 또 그는 정복에만 능한 것이 아니었다. 무역과 개혁을 장려했고, 문자를 도입하여 기록도 남겼다. 칭기즈 칸이 지배하던 그 당시, 아시아와 유럽의 외교 관계 또한 흠잡을 데가 없었다고 전해진다.

하루는 칭기즈 칸이 사냥을 하던 중 붉은 여우를 뒤쫓다 말에서 떨어지는 사고가 발생했다. 65세로 노쇠해진 몸 안 내부 장기에 그 충격이 고스란히 전해지며 그는 결국 자리에서 일어나지 못했다. 그의 총애를 받던 부인 예수이는 언젠가 이런 사고가 일어날 것을 우려하고 있었다고 한다. 그녀는 칸을 "인류 역사상 가장 위대한 업적을 남긴 인간"으로 기억했다.

자신이 일으킨 전쟁으로 무려 약 500만 명 내외의 사람을 죽음으로 내몬 칭기즈 칸은 거칠었던 그의 삶과 대조적으로 매우 평온한 마지막을 맞이했다. 그의 마지막 말은 다음과 같다.

### "죽음이 도대체 무엇인지
### 알 수 없을 정도로 충분히 잠을 잤구나"

그 후 칭기즈 칸은 하늘로 올라갔다. 대초원 어딘가에 숨겨져 있다는 그의 무덤은 끝없는 연구와 탐사에도 불구하

고 끝끝내 그 위치가 밝혀지지 않았다. 모든 기마의 주인
이었던 칭기즈 칸은 자신이 잠든 곳의 흔적을 영원히 감추
기 위해 수천 명의 기수들로 하여금 무덤 위를 활보하라는
명을 내렸다고 한다.

# 라이너 마리아 릴케

Rainer Mara Rilke, 1875~1926

독일의 시인. 체코 프라하에서 태어나 섬세한 감수성을 바탕으로 독일의 시정시를 완성시켰다. 1896년, 연인이었던 루 살로메와의 러시아 여행은 그의 인생에 큰 영향을 미쳤고, 이후 낭만적이고 신비한 감성이 녹아들어간 『기도시집』을 발표했다. 1902년, 조각가 로댕과의 만남으로 조형성에 대한 영감을 받아 '사물事物시'로 분류되는 시를 썼다. 쓴 책으로 『말테의 수기』, 『두이노의 비가』 등이 있다.

릴케의 본명은 '라이너'가 아니라 '르네Rene'이다. 그는 시인이자 소설가 그리고 기행문 번역가였다. 릴케는 어렸을 때부터 인상적인 재능을 보였지만 대부분의 위대한 시인들처럼 생전에는 그러한 명예를 얻지 못했다.

그가 쓴 소네트와 비가悲歌는 주로 삶과 죽음에 대해 이야기하고 있으며, 대부분의 작품이 오랜 시간이 흐른 뒤에도 그 빛이 퇴색되지 않은 채 빛나고 있다.

1920년대 중반, 끊임없이 떠도는 삶을 살아가던 릴케는 백혈병에 걸리고 말았다. 그 당시 백혈병에 효과적인 의학적 치료 방법은 존재하지 않았다. 릴케는 임종을 맞이하기 3주 전에 "비참하고 끝이 없으며, 너무나 고통스러운 방법으로 병이 들었다"라고 친구에게 편지를 썼다. "매 순간이 지옥 같아!"라는 말도 덧붙였다.

릴케는 스위스의 요양원에 누워 그의 곁을 지키고 있던 유일한 단 한 사람, 여자친구에게 마지막으로 부탁했다.

### "내가 죽음에 이를 수 있도록 도와주오."

그로부터 약 12시간 뒤쯤 겨우 평온한 잠에 빠진 릴케는 1926년 12월 29일, 영원히 눈을 뜰 수 없게 되었다. 마침 그때 프랑스 국경 근처 스위스의 한 지역에 그가 묻힐 자리가 결정되었다. 어쩌면 수백 번도 더 넘게 바꾸었을지도 모르는 묘석의 비문도 완성되었다. 서정시의 대가인 릴케다운 문장으로 구성된 비문의 일부는 다음과 같다.

"장미여, 오 순수한 모순이여, 기쁨이여,

그 많은 눈꺼풀 아래에서

누구의 잠도 아니고 싶은 마음이여."

# 마리아 테레지아

Maria Theresia, 1717~1780

합스부르크 공국의 여제. 카를 6세의 장녀로 합스부르크가의 영토를 상속 받았지만 유럽 열강이 이에 반발하여 오스트리아 계승 전쟁이 일어났다. 여왕은 프로이센에 슐레지엔을 넘겨주었으나, 영국과 손을 잡고 아헨 조약(또는 엑스라샤펠 조약)에서 각국의 승인을 얻어냈다. 후에 중앙·지방 행정 조직 및 군제 정비 등 개혁을 통해 중앙 집권 체제를 견고히 했다.

대공, 여왕 그리고 황제. 유서 깊은 합스부르크가의 군주였던 그녀는 일생 동안 모든 여왕이 꿈꿀 법한 직함을 가졌다. 그녀가 23세의 나이로 권좌에 올랐을 때 당시 오스트리아는 힘도 명예도 없는 약소국이었다. 그러나 마리아 테레지아의 40년간의 통치 동안 다뉴브 지역의 제국이 완성되었고, 11개 국의 국민들과 지역 가톨릭교회, 신하들이 힘을 합쳐 그녀를 보좌했다.

이에 힘입어 그녀의 왕국에 통일된 형법이 세워졌는데, 그 중 가장 중요한 것은 귀족과 성직자들도 세금을 의무적으로 납부하도록 했다는 점이었다. 국민들은 여왕의 통치와 그녀가 만든 제도에 기뻐했다.

또한 마리아 테레지아는 자식을 많이 낳았으며(딸 토냐는 훗날 프랑스의 여왕이 된 마리 앙트와네트인데, 그녀는 1793년 단두대에서 처형당했다. 67쪽 참고) 독실한 신앙을 지닌 현모양처였다. 또한 비상한 방식으로 나라를 이끌었고, 국정을 돌보는 데 있어 근면성과 날카로움도 잃지 않았다.

그러나 군주의 건강은 그리 좋은 편이 아니었다. 1767년에는 천연두에 걸려 고생하긴 했으나 완쾌되었다. 하지만 그로 인해 비교적 젊은 나이부터 과체중이 되었고 서서히 호흡도 가빠졌다. 결국 천식으로 인한 호흡 곤란이 심장 질환과 겹쳐 폐수종으로 발전했다. 마리아 테레지아는 자신의 상태가 어떤지 잘 알고 있었다.


"잠을 자기 두렵구나. 자고 있을 때 죽음이 불현듯 찾아오는 것을 원하지 않기 때문이지. 나는 죽음을 눈앞에서 맞이하고 싶구나."

그녀는 임종 전날 밤에 모든 신하를 불러 그녀가 공정치 못했던 것이 있었다면 용서해달라고 부탁했다. 끝으로 여왕의 마지막 소원은 창문을 열어달라는 것이었다.

**"나의 기나긴 여정에 좋은 날씨는 아니로구나."**

말을 마친 여왕은 일어서려다가 침대 모서리에 쓰러졌다. 그녀의 아들 요제프가 여왕을 일으키려 했다. "마마, 잘못 누우신 것 같습니다."

**"그렇구나,
하지만 죽으면 제대로 누울 거야."**

"나는 지금까지 살아온 것처럼

내 처지를 넘어
분에 넘치게 죽음을 맞이하네."

# 헨리 8세

Henry VIII, 1491~1547

영국의 왕. 캐서린과 이혼하고 앤 불린과 재혼하려고 했으나 로마 교황이 이를 인정하지 않자, 1534년에 영국 국왕을 교회의 최고 수장으로 하는 법률인 수장령을 발표하고 영국 국교회를 설립하여 교황으로부터 독립했다. 아라곤의 캐서린, 앤 불린, 제인 시모어, 클레브스의 앤, 캐서린 하워드, 캐서린 파와 차례로 결혼하여 총 여섯 명의 아내를 맞이했다.

헨리 8세는 가톨릭교회와 단절하고 영국 국교회를 세워 본인이 수장이 되었고, 동시에 지속적으로 의회에 영향력을 행사한 전제적인 군주였다. 다른 한편으로는 길거리에서 마주치면 우선 피하고 볼 정도로 흉폭하고 험상궂은 싸움꾼이기도 했다. 게다가 조금이라도 얼굴이 예쁘장한 여인이라면 절대로 그와 마주치지 말아야 했다. 무려 6번이나 결혼한 헨리 8세보다 오래 산 부인은 단 한 명밖에 없었다.

헨리 8세는 18세 때 형수인 캐서린이 미망인이 되자 냉큼 그녀와 결혼했다. 그러나 그로부터 몇 년이 지난 뒤, 교회가 그런 결혼을 반대하고 그의 결혼을 인정하지 않는다는 사실을 알게 되자 그녀와 이혼했다. 두 번째 부인인 앤 불린은 부정한 행동을 했을 거라는 추측으로 목을 잘라버렸다. 그로부터 10일 뒤, 국왕은 다시 한 여자의 남편이 되었다. 새로운 부인은 귀족 여성인 제인 시모어로, 결혼 후 왕세자 에드워드를 출산했으나 몇 주 만에 죽음을 맞이했다. 그다음에 결혼한 앤과의 혼인은 아내가 마음에 들지 않는다는 이유로 무효화해버렸고, 다섯 번째 부인 캐서린 하워드는 그녀의 외도가 문제가 되어 형장에서 마지막을 맞이했다. 마침내 여섯 번째 부인인 캐서린 파만이 죽지 않고 살아남았다. 그녀는 헨리보다 오래 산, 유일한 부인이 되었다.

임종이 다가오자 헨리는 자신이 삶에서 더 이상 이루지 못한 것은 없다고 생각했다. 튜더 가문 출신인 그는 젊은 시절 승마 경주와 무용에도 재능을 보였으며 또한 노련한 검사劍士였다. 그 외에도 37년이라는 긴 재임 기간 동안 매우 엄격하고 권위적인 통치를 펼치면서 (약 6만 명의 사형을 집행했다) 자신의 건강을 해치지 않는 한도 내에서 수많은 전쟁과 향연을 벌였다.

노년이 되어 그는 심장병과 수종 그리고 호흡 곤란으로 고통을 겪었다. 그 당시 감히 통치자에게 그의 죽음을 입에 올릴 수 있는 신하는 없었으나, 심한 비만이었던 헨리 8세는 자신의 건강 상태를 스스로 알아차렸고 죽기 한 달 전에 유언장을 만들었다. 유언장의 첫머리에서 그는 자신의 죄를 회개했다. 그다음으로는 하느님에게 영혼을 위탁했으며, 마지막으로 아들인 에드워드가 후계자가 될 것을 언급했다.

그의 생애 마지막 날, 왕을 돌보던 데니 영주는 모든 용기를 다 끌어내어 죽음의 문턱에 선 왕에게 그의 심장을 꺼낼 의사를 대령해야 할지 힘겹게 물었다. 그러자 왕은 다음과 같이 대답하고 매우 평온하게 눈을 감았다.

**"우선 잠을 좀 자야겠소."**

# 앤 불린

Anne Boleyn, 1507~1536

영국의 왕 헨리 8세의 두 번째 왕비이자 엘리자베스 1세의 모친. 헨리 8세의 첫 번째 왕비 캐서린의 시녀였으나, 헨리 8세가 앤 불린과 결혼을 결심하면서 왕과 교황이 대립하게 되며 이는 영국 종교 개혁의 발단이 되었다. 앤 불린은 1533년 1월 25일에 왕과 결혼했다.

앤 불린은 전통적인 미인은 아니었으나 화술이 뛰어나고 세련된 기품을 가진 아주 매력적인 여인이었던 것으로 전해진다. 과거 앤의 자매인 메리 불린을 정부로 둔 적이 있는 헨리 8세는 이런 앤에게 반해 마찬가지로 정부로 삼으려 했으나 앤은 왕에게 '정식 결혼'을 요구했다. 부인 캐서린과의 관계에서 아들을 얻지 못한 왕은 앤 불린이 왕자를 낳아줄 것이라고 크게 기대했다.

끝내 종교 개혁까지 일어나며 앤은 헨리 8세와 결혼했지만 왕의 기대와 달리 딸 엘리자베스만 태어났다. 결국 그녀는 왕위 계승자를 원했던 왕에 의해 간통과 근친상간의 누명을 쓰고 처형당했다.

극단적인 방법으로 여러 명의 부인과 이별 또는 사별을 반복한 헨리 8세의 두 번째 부인, 앤 불린은 결국 형장으로 가게 되었다. 그녀는 우아하게 머리를 처형대에 올리면서 집행관에게 슬프게 말했다.

> **"이번만큼은 자네도 힘이 덜 들 거라네.**
> **보다시피 내 목이 이리 가늘지 않은가."**

# 엘리자베스 1세

Elizabeth I, 1533~1603

영국의 여왕. 헨리 8세와 앤 불린의 딸로 언니인 메리 1세가 죽자 뒤를 이
이 즉위했으며 이른바 '엘리자베스 시대'라고 불리는 영국 절대주의의
황금기를 이끌었다. 종교적으로 국교의 확립을 꾀하고 가톨릭과 청교도
를 억압하여 종교적 통일을 추진했고, 국제적으로 동인도회사를 설립하
고 스페인 펠리페 2세의 무적함대를 무찌름으로써 무역 확대를 도모했
다. 문화면에서도 황금시대가 도래하여 셰익스피어, 베이컨 등의 학자와
문인이 속출했다.

엘리자베스가 영국의 여왕으로 등
극한 그 시절은 격동의 시기였다. 당시에는 통치 계급의
일원을 평생 어두운 감옥에 가두거나 갑자기 목을 자르는
일이 아무렇지도 않게 벌어졌다. 엘리자베스의 아버지인
헨리 8세는 아내 앤 불린을 이미 오래전에 참수시켰으며,
엘리자베스는 한때 언니인 메리 여왕에 의해 런던 탑에 감
금되기도 했다. 그러나 여러 시련을 이겨내고 25세가 된

그녀는 여왕으로 등극하게 되었다.

엘리자베스는 평생 미혼으로 살았으며 결혼 상대를 찾으려는 시도조차 하지 않았다. 그녀의 궁극적인 삶의 목표는 통치였고 뜻하는 대로 매우 강건하게 나라를 이끌어나갔다. 45년이라는 여왕의 긴 통치 기간 동안 영국은 바다를 넘어 전 세계로 뻗어 나갔으며 강력한 힘을 갖추게 되었다. 여왕은 농작물 재배와 활발한 무역을 장려했고 나라의 부채를 줄여나갔다. 또한 영국 국교회의 수장이자 나라의 최고 권위자로서 적이었던 스페인 함대가 침몰했을 때에도 기쁨에 겨워 흥분하기보다 침착하게 명령을 내렸다. 엘리자베스 여왕은 큰 전쟁에서 모두 승리를 거두었다.

하지만 자신과의 마지막 전투에서만큼은 승리하지 못했다. 죽음이 조금씩 가까이 다가오던 시기에도 여왕은 국정을 돌보았다. 해결해야 할 일들이 너무나 많이 남아 있었기 때문이었다. 과도한 업무로 늘 정신적 압박을 받아온 그녀는 죽을 때까지 수많은 일에서 해방되지 못한 채 눈을 감았다. 어쩌면 여왕이 남긴 마지막 말은 그녀의 삶을 그대로 반영한 것인지도 모른다.

"내가 가진 모든 것은
아주 짧은 한순간을 위한 것이었구나."

# 윈스턴 처칠

Winston Churchill, 1874~1965

영국의 총리. 육군사관학교를 졸업하고 몇 년 뒤 보어 전쟁(영국과 남아프리카 지역에 살던 네덜란드 보어족 사이에 일어난 전쟁)에 참가해 포로가 되었으나 탈출하여 국민 영웅이 되었다. 재무장관을 거쳐 1940년 총리에 취임했고, 루스벨트, 스탈린과의 협력을 통해 제2차 세계대전에서 연합군의 승리를 이끌었다. 종전 후에는 소련에 의한 '철의 장막'을 경고하는 등반 소련 진영의 선두에서 활약했고, 1953년 자신의 경험에 기초해 쓴 책 『제2차 세계대전』으로 노벨 문학상을 수상했다.

처칠은 영국의 가장 위대한 수상이었다. 그는 총리라는 직책 외에도 노벨 문학상을 수상한 작가이자 역사가였으며, 전쟁터의 사령관이었고, 때론 재치 있는 익살꾼이기도 했다. 또 뛰어난 연설 능력을 갖추어 대중들에게 인상적인 이미지로 깊이 각인되었으며, 동시에 이는 제2차 세계대전에서 독일의 히틀러에 맞설 대항자로 인정받는 계기가 되기도 했다.

제2차 세계대전에서 처칠은 미국의 대통령 루스벨트, 소련의 스탈린과 연합하여 독일로부터 백지의 항복 문서와 히틀러의 죽음을 얻어냈다. 처칠은 고국을 위해 강력한 국방의 보루를 구축하는 데 혼신을 다했다. 그는 1896년에 기병단의 장교로 쿠바와 인도 그리고 아프리카 지역의 진압 작전에도 참가했었고, 제1차 세계대전 때는 해군 장관직을 맡았으며, 2차 세계대전 때는 모든 군대의 명령권을 지닌 최고 결정권자이자 수상을 겸했다. 당시 처칠은 국민들에게 "피와 땀 그리고 감격의 눈물"만을 선사할 것을 약속했다. 그러나 승리에 대한 확고한 의지와 뛰어난 전략, 전쟁에서 승리했음에도 불구하고 총선에서는 정치적 패배라는 쓰라린 경험을 겪게 되었다.

시간이 흘러 보수당이 다시 정권을 잡고 처칠이 총리로 재임명되었을 때, 그의 나이는 77세였다. 당시 처칠의 건강 상태는 비만 체형이고 언제나 시가를 입에서 떼지 않던 골초임을 감안하더라도 매우 양호한 편이었다. 처칠은 자기 삶의 규칙이 "운동을 하지 않고 위스키와 여송연 즐기기"라고 말했지만 사실상 그것은 자조적인 농담일 뿐 실제로는 그렇지 않았다. 젊은 시절 장교로 복역하면서 전 세계를 누비고 다녔던 처칠은 운동을 매우 즐겼었다.

그는 자신의 마지막 순간에 대해서 냉정하고 풍자적인 태도를 보였다. 이미 1949년에 70대 중반 즈음이 되었을 때 이렇게 말했다고 한다.

"난 나의 창조자를 만날 준비가 되어 있다. 하지만 신이 나를 만날 준비가 되어 있는지는 또 다른 문제이다."

그의 말처럼 신은 그에게 많은 시간을 하사했다. 약 60년 이상 영국 하원의 의원이었던 처칠은 인생의 말년 동안 가벼운 발작 증세를 자주 보였다. 그는 공작 작위 계승을 거절하고 정원의 의자에 앉아 시간을 한가롭게 보냈다. 그러나 그러한 여유는 격렬한 삶을 보낸 처칠에게 어떠한 즐거움도 주지 못했다. 죽음을 앞두고 그가 남긴 마지막 말은 그가 보낸 삶과 완전히 딴판이었다.

**"모든 것이 지루하구나."**

# 공자

孔子, B.C. 551~B.C. 479

중국 춘추시대의 사상가이자 학자. 노나라 사람으로 여러 나라를 두루 돌아다니며 인(仁)을 정치와 윤리의 이상으로 하는 도덕주의를 설파하여 덕치 정치를 강조했다. 말년에는 교육에 전념하여 3,000여 명의 제자를 길러 냈고『시경』,『서경』등의 고전을 정리했다.

세계 4대 성인 중 한 명으로 손꼽히는 공자는 평소 죽음의 의미나 죽음을 대비하는 자세에 대해 달리 언급한 적이 없었다.

"지금의 삶도 제대로 알지도 못하는데 어찌 죽음을 알겠는가?"

이러한 현세적인 사상이 바로 이 철학자가 소유한 힘의 원천이었다. 다만 공자가 살아 있을 때는 훗날 동양의 사고를 지배하는 사상을 탄생시킨 장본인이자 주체가 되리라고 어느 누구도 예상하지 못했다. 그러나 공자의 사상은 무려 2,500년 이상 살아 숨 쉬며 동양의 사고와 행동 방식을 형성하는 데 기여했다.

공자의 책은 그 양이 방대하지는 않지만 후손들에게 그의 보수적 사회 철학의 면모만큼은 확연히 보여주고 있다. 그의 사후에 간행된 『논어』는 '중용中庸(지나치지도 모자라지도 않고, 한쪽으로 치우치지도 않은 떳떳하며 변함이 없는 상태 또는 정도)'의 미를 거듭 강조한다. 공자는 중국 대륙 곳곳을 다니면서 올바른 행동과 충절 그리고 신의에 대한 가르침을 펼쳤다. 인간의 행복은 개인 스스로에게서 나오는 것이 아니라 국가와 가족으로부터 발생되는 것이라는 그의 믿음은 확고했다.


"어른이 아이를 이끌어야 하며, 높은 위치에 있는 사람이 하층민을 돌보아야 하고, 여자는 남자를 따라야 한다."

그러나 견줄 바 없이 확고한 신념과 달리 이 위대한 사상가의 삶은 행복과 거리가 멀었다. 한때 입신양명의 꿈을 꾸던 공자는 결국 높은 관직에 올랐지만, 어느 순간 모든 것을 내려놓고 만인의 스승으로 세상을 전전하며 떠돌았다. 그의 주변으로 많은 제자가 몰려들기 시작했다.

그가 남긴 최후의 말은 다음과 같이 전해진다. 지팡이에 몸을 의지한 80세의 공자는 노래했다.

**"지는 꽃잎처럼 현자는 그렇게 가는구나."**

# 안나 파블로바

Anna Pavlovna, 1881~1931

러시아의 발레리나. 황실 발레단에 입단하여 1906년에 프리마 발레리나
가 되었다. 유럽 각지를 순회하면서 「지젤」, 「백조의 호수」, 「빈사瀕死의
백조」를 공연하여 세계적인 명성을 얻었다.

안나 파블로바는 무대 위의 여왕인
프리마 발레리나로, 살아 있는 동안에 이미 '발레의 전설'이
되었던 인물이다. 그녀가 죽어가는 백조의 모습을 우아하
게 연기한 작품 「빈사의 백조」는 아직도 신화로 남아 있다.
파블로바는 일생 동안 2번의 실패를 겪었다. 그녀가 상트
페테르부르크 발레계의 새로운 별로 떠오르던 시절, 당시
러시아 황제는 한 발레리나를 사랑하고 있었다. 황제의 권

력을 등에 업은 발레리나는 러시아 발레계를 좌지우지했고, 그녀의 시기로 인해 파블로바는 사랑하는 조국을 떠날 수 밖에 없었다. 삶의 첫 번째 실패였다. 그리하여 그녀는 파리로 갔고 다행히 그곳에서 발레 스타로 등극할 수 있었다. 파블로바는 죽을 때까지 고국으로 돌아가지 않았다.

그러나 재능 있는 발레리나에게 죽음은 너무 일찍 찾아왔다. 파블로바는 49세의 나이에 마지막 고별 순회공연을 떠났는데, 도중에 네덜란드 헤이그의 한 호텔에서 예기치 못한 죽음을 맞이했다. 그녀를 죽음으로 몰고 간 것은 다름 아닌 평범한 감기였다. 하지만 갑자기 급성으로 진행되며 단 몇 시간만에 그녀의 폐는 기능이 멈추었다. 그것이 삶의 두 번째 실패였다.

항상 혹독한 연습을 강행했던 파블로바는 가슴의 통증을 무시하고 죽음을 맞이하던 날에도 무대에 서기로 결정했다. 그때 그녀는 동료들에게 마지막으로 부탁했다.


**"백조 의상을 빨리 준비해줘요!"**

# 콘라드 아데나워

Konrad Adenauer, 1876~1967

독일의 정치가·서독의 초대 총리. 변호사 출신으로 쾰른 시장을 지내다
가 나치가 집권하자 지위를 상실했지만, 1945년 종전 후 복직하여 연방
의회에서 독일연방공화국(서독)의 초대 총리로 인준받았다. 이후 '라인강
의 기적'이라 불리는 경제 부흥을 이룩하여 잿더미 속의 독일을 다시 일
으켰고, 북대서양조약기구NATO 가입의 쾌거를 이루는 등 다양한 정책을
성공적으로 펼쳐 유럽연합의 초석을 다진 총리로 평가받는다.

콘라드 아데나워는 73세에 독일연
방공화국의 첫 수상이 되었고, 제2차 세계대전이 끝나고
1949년부터 1963년까지 14년 동안 독일을 통치했다. 그는
쾰른 토박이로 독실한 가톨릭 신자였으며 정치가로서 전
략이 풍부한 현실주의자였다. 또한 뛰어난 연설 능력도 갖
추고 있었다.

나치 정권 하에서는 단기간이었지만 여러 차례 구속되어

론이라는 마을에서 수감 생활을 하기도 했다. 그러나 20세기 초부터 10여 년 동안 아데나워는 독일을 이끌어가는 정치가로 모든 정적들을 처치해 나갔다. 그리하여 히틀러가 일으킨 세계대전 이후 독일을 지배하던 기존의 사고방식은 점차 사라지게 되었으며, 여러 주변국은 새로운 모습의 독일에 점차 적응해 나가기 시작했다.

아데나워 정권 동안 독일은 경제적으로 눈에 띄게 성장했다. 시간이 흐를수록 서방의 승전국들의 수준과 가까워졌고, 전쟁의 폐허 속에서 놀라운 발전을 이룩했다. 1957년, 당시 81세였던 아데나워는 독일 연방의원 선거에서 기독교민주동맹과 기독교사회동맹의 절대적인 지지를 받았다. 그 나이에 선거에서 압승한 기록은 아직까지 아무도 깨뜨리지 못하고 있다.

이 연로한 정치가는 선견지명이 있었던 듯 1949년경에 라인강 서쪽 연안에 있는 도시, 본이 새로운 임시 수도로 선정될 수 있도록 많은 노력을 기울였다. 실제로 그의 노력으로 본은 임시 수도로 결정되었다.

시간이 흘러 1948년이 되었고, 아데나워는 두 번째 부인을 잃는 슬픔을 겪게 되지만 이를 극복하고 꿋꿋하게 나라를 이끌어 나갔다. 그는 노년에도 비교적 행복한 생활을 유지했는데 항상 자식들 그리고 많은 손자들과 함께 지냈다. 1967년, 언제나 그랬듯이 91번째 생일을 가족들과 함께 보냈으나, 몇 주 후 부활절이 끝나고 얼마 되지 않아 내내 그를 괴롭혔던 심근경색으로 쓰러지고 만다.

이후 그의 건강은 순환계의 문제와 폐 합병증으로 더욱 악화되었고, 아데나워 스스로도 자신의 생명이 곧 다할 것임을 깨달았다. 가족들이 마지막 작별 인사를 하기 위해 곁에 모였을 때, 그는 마지막으로 깨어나서 슬퍼하는 후손들을 바라보며 한참을 생각한 뒤 쾰른어로 나직이 말했다.

<br>

**"…눈물을 흘릴 필요가 없단다"**

# 존 레넌

John Winston Lennon, 1940~1980

싱어송라이터·영국의 그룹 비틀즈Beatles의 중심 멤버. 고등학교에서 만난 친구들과 쿼리멘Quarry Men이란 그룹을 결성해 활동하다가, 이후 그룹명을 비틀즈로 바꾸고 「I Want to Hold Your Hand」 등의 앨범을 발표하여 영국 최고의 인기 그룹이 되었다. 앨범은 미국에도 발매되었고 그곳에서도 정상의 대열에 올랐다. 1971년 비틀즈는 해체되었지만 존 레넌은 아내 오노 요코와 계속 음악 활동 및 평화 운동을 했다. 대표적인 곡으로 「Imagine」, 「Walls and Bridges」 등이 있다.

존 레넌은 시대를 통틀어 가장 성공적인 로큰롤 그룹인 비틀즈의 창립 멤버이자 리더였다. 그는 영국 리버풀 출신으로 여러 예술 분야에서 재능을 보였고, 일반적인 사회 규범을 거부하며 자유와 섹스, 인간애 그리고 마약 등 새로운 세대의 문화를 개척하고 형성했다. 1960년대, 비틀즈의 엄청난 성공은 여러 대륙의 수천만 명의 사람들을 하나로 만들었고, 장발의 영국인 기타리스트들은 모든 젊은 음악가의 우상이 되었다. 그들은 그 시대를 대표하는 보수적인 부모와 유산 계급을 저주스러운 재해로 간주했다.

마찬가지로 천재적 재능을 지닌 동료 멤버 폴 매카트니와 함께 작사하고 작곡한 레넌의 수많은 노래 대부분은 사랑과 일상생활 속에서 발견할 수 있는 작은 기쁨을 찬미하는 내용이었다. 혁명적이거나 비판적인 내용의 곡은 거의 드물었다. 레넌은 비틀즈의 음악 외에도 영화와 시 그리고 그림들을 남겼다.

그러나 존 레넌의 정치적 활동만큼은 아주 뚜렷했다. 그는 베트남 전쟁에 반대했고 인도의 인권 운동에도 참여했다. 또한 마지막에는 그보다 연상인 일본인 부인 오노 요코의 영향을 받아 페미니즘에도 관심을 보였다. 레넌은 인생의 마지막 10년을 부인과 함께 미국에서 보냈다. 하지만 안타깝게도 시간이 흐를수록 넘쳐흘렀던 독창적 재능은 점점 말라갔다.

생의 마지막 오후가 되어버린 그날, 그는 오노 요코와 함께 외출을 했다. 그때 집 밖에서 그를 기다리고 있던 마크 채프먼에게 사인을 해주었다. 그러나 오후 11시경, 레넌은 다시 집으로 돌아오는 길에 어두운 곳에 숨어 있던 채프먼이 쏜 5발의 총알에 맞았다. 그 한 발, 한 발이 모두 그의 목숨을 위협했다. 존 레넌은 총을 맞고 몇 걸음 더 걸어갔고 죽어가면서 말했다.

**"내가 총에 맞았어."**

# 어니스트 헤밍웨이

Ernest Miller Hemingway, 1899~1961

미국의 소설가. 고등학교를 졸업한 후 《캔자스시티 스타》의 수습기자로
일하면서 본격적으로 글을 쓰기 시작했다. 제1차 세계대전 종군 경험을
바탕으로 쓴 소설 『태양은 다시 떠오른다』로 명성을 얻었고, 1952년에
발표한 『노인과 바다』로 퓰리처상과 노벨 문학상의 영예를 얻었다.

　　　　　　　　노벨 문학상 수상자이자 20세기에
가장 대중적인 인기를 얻었던 작가들 중 한 명인 헤밍웨이
는 한때 자살이라는 선택지는 전혀 염두에 둔 적조차 없던
아주 건장한 사나이였다. 그는 제1차 세계대전과 제2차 세
계대전 그리고 스페인 내전에도 직접 참가했으며 비행기
사고와 바다 위의 위험한 항해(이를 바탕으로 쓴 소설이 『노인과
바다』이다)까지 몸소 체험했다.

1959년, 헤밍웨이는 미국 아이다호주 케첨에 있는 집을 구입했는데, 그는 내내 심한 우울증에 시달리다가 결국 그곳에서 사냥용 엽총으로 자신을 쏘았다. 평소 눈부시던 은발을 자랑하던 그의 머리가 충격으로 인해 몸통에서 떨어져 날아갔다(그리고 그의 사후에 여동생과 남동생 모두 자살로 생을 마감했다).

그의 유언은 따로 전해진 것이 없고, 그 대신 선밸리에 있는 기념비에는 그가 살아생전 세상을 먼저 떠난 친구를 위해 쓴 추도문이 쓰여 있는데 그 내용은 다음과 같다.


"그는 무엇보다도 가을을 사랑했다.
미루나무 잎사귀는 노랗게 물들고
그 잎사귀는 송어가 헤엄치는 개울 위를 떠내려가며
높은 언덕 위로는 바람 한 점 없는
푸른 하늘만 있구나.
이제 그대도 자연의 하나로 영원히 남기를."

# 헤르만 부르하버

Hermann Boerhaave, 1668~1738

네덜란드의 의학자. 레이덴대학을 졸업하고 몇 년 뒤에는 모교의 강사가
되어 의학론 강의를 시작했다. 1714년에 학장으로 선출되었고 그해에 임
상의학 교수가 되었다. 근대적 임상교수법을 처음으로 실시하여 큰 명
성을 얻었다.

18세기의 가장 중요한 업적을 남긴
의사 부르하버는 네덜란드의 도시 레이덴 근처에서 태어
났다. 그는 그곳에서 학창 시절을 보냈고, 모교의 스승이
되어 학생들을 가르쳤으며, 또 그곳에서 삶을 마감했다.
평생 레이덴 토박이로 살았던 부르하버에게 고향은 그의
전부였다. 그는 살면서 딱 한 번, 단 며칠 동안만 자신의 생
활 영역을 벗어나 약 80킬로미터 정도 떨어진 곳으로 여행

한 적이 있었을 뿐이다.

말 그대로, 정말로 그는 레이덴을 벗어난 적이 거의 없었기 때문에 베네딕트 13세 교황과 프로이센의 왕들도 치료를 받기 위해서 먼 길을 감수하고 그를 찾아올 수밖에 없었다. 학생들도 예외는 아니었다. 그의 수업을 듣는 학생들의 절반 이상이 유럽 전역에서 몰려든 외국인이었다.

항상 헝클어진 머리가 트레이드마크였던 부르하버는 의학 외에 화학과 식물학을 가르치기도 했다. 목사의 아들이었던 그는 자기 자신을 위하여 4년 동안 신학을 공부하기도 했다.

부르하버의 강의는 책으로 출간되기도 했는데, 책은 수십 년 동안 베스트셀러 자리를 차지하며 여러 나라의 언어로 번역되어 세계적인 인기를 얻었다. 또 요즘 병원에서는 당연한 풍경인 환자를 진찰하는 과정이나, 병원에서 교수들이 학생들을 데리고 회진을 도는 모습 등 이런 근대적 의학 체계를 구축한 것도 바로 부르하버이다.

그러나 세상에 과학적인 임상교육을 도입한 그도 자신의 몸에 생긴 질환인 관절염에 대해서는 적절히 대처하지 못했다. 하지만 마지막 격언을 통해 건강을 지키는 올바른 방법을 전 인류에게 남겨주었다.

"머리는 차게, 발은 따뜻하게.
그리고 장을 가득히 채우지 마라."

"내가 가진 모든 것은
아주 짧은 한순간을
위한 것이었구나."

# 카를 마르크스

Karl Heinrich Marx, 1818~1883

독일의 사회학자·경제학자·정치 이론가. 29살 때부터 헤겔 좌파 사상의
영향을 받고 급진적인 반정부 기관지 《라인 신문》의 편집장이 되었으나,
신문이 폐간된 후 파리로 망명하여 사적 유물론 사상을 확립했다. 1848년
에는 철학자 프리드리히 엥겔스와 함께 『공산당 선언』을 집필했고, 이후
에는 런던으로 망명하여 빈곤과 싸우면서 『자본론』을 저술하는 데 몰두
했다.

마르크스는 친구인 엥겔스와 함께
공산주의와 프롤레타리아 독재 정치의 아버지, 나아가 '인
류사의 발전 법칙'을 발견한 인물로 평가받고 있다. 그것은
종교인들에게 항의를 받을 만큼 전 세계를 뒤흔드는 주장
이었다.

그러나 마르크스와 엥겔스는 사적 유물론 이론으로 아주
긴 시간 동안 모든 대륙에서 수천만 명에 이르는 신봉자인

마르크스주의자를 탄생시켰다. 하지만 20세기 말이 되자 신봉자의 수는 급격히 감소했다. 마치 마르크스가 비참하고 극심한 생활고에 빠진 것처럼 말이다.

마르크스는 항상 심각한 논쟁을 벌이며 살았지만 대부분 이기지 못했다. 또 금전적으로도 매우 궁핍했는데, 그 정도가 엥겔스가 도와주지 않으면 끼니조차 제대로 잇지도 못할 수준이었다. 또한 가정에서도 문제가 많았으며 그는 한 하녀와의 부적절한 관계로 혼외 자식까지 낳았다고 한다. 따라서 젊은 시절의 그에게 망명과 추방은 다반사였다.

불행하게도 집필한 책 역시 잘 팔리지 않았다. 1848년 혁명이 일어나던 해에 엥겔스와 함께 쓴 책『공산당 선언』은 무료로 배포되었다. 한편 여러 권으로 이루어진 그의 대표 저서『자본론』은 전혀 팔리지 않았다.

그는 생애 마지막 몇 해 동안 간과 폐 그리고 뇌에 문제가 생겨 큰 고통을 받았다. 그 사이에 부인이 사망했으며 사랑하던 딸마저 잃었다. 런던에서 망명 생활을 하던 그에게 남은 건 뚜렷한 의사 전달 능력뿐이었다. 헤어날 수 없는 빈곤한 생활과 무리한 집필, 반복되는 시련으로 인해 그의 몸은 갈수록 쇠약해졌다.

어느 날 마르크스는 따뜻한 햇살이 넘치는 북아프리카에서 곁에 있는 엥겔스(그보다 12년 정도 더 살았다)에게 그리스 철학가 에피쿠로스의 말을 인용해 삶의 마지막 문장을 이어가기 시작했다.

> **"죽어가는 이에게 죽음이란 불행이 아니다.
> 그것은 살아남은 이에 대한 불행인 것이다"**

그 당시에는 유명인의 말을 인용하여 유언을 남기는 것이 유행이었다. 마르크스는 피곤한 듯 등받이 의자에 몸을 깊이 기댔고 신뢰하는 친구 엥겔스에게 마지막 말을 남겼다. 19세기와 20세기를 뒤흔든 사상가의 마지막 문장치고는 다소 무심하고 단순한 유언이었다.

> **"유언이란 살아서 할 말이 별로 없었던,
> 좀 바보 같은 사람들을 위한 것 같네"**

# 미하일 바쿠닌

Mikhail Aleksandrovich Bakunin, 1814~1876

러시아의 혁명가. 부유한 귀족 출신이나 헤겔학파에 매료되어 독일 철학을 연구하다가 점차 무정부주의에 물들었다. 1848년 프라하 봉기, 1849년 드레스덴 봉기, 1863년 폴란드 무장봉기에 참가했으며, 말년에는 스위스로 이주하여 제1인터내셔널(국제노동자협회)에서 마르크스와 격렬하게 대립했다. 바쿠닌의 급진적인 무정부주의는 스페인, 이탈리아, 러시아의 혁명 운동에 커다란 영향을 주었다.

바쿠닌은 러시아의 유서 깊은 귀족 가문 출신으로 젊은 시절 왕실 포병 부대 장교로 복역했다. 그러나 그 후 바쿠닌은 40년 동안 급진적인 무정부주의자로 활동했다. 그는 세계 여러 나라를 종횡무진 돌아다녔다. 그 과정에서 사형 선고도 여러 차례 받았으며 수년 동안 감옥에 감금되기도 했다.

세계적인 혁명가였던 바쿠닌은 여러 나라에서 혁명이 일

어나도록 힘을 썼다. 당시 그가 만든 무력 단체 행동선전 기관은 전투를 할 때 폭약을 사용했는데, 이는 유럽 전 지역의 군주들을 두려움에 떨게 했다. 평소 수염을 기르고 정열적인 바쿠닌에게 차별 또는 예외란 없었다. 무정부주의자들에게 전하는 그의 생각은 다음과 같았다.

"돌부리 하나 남지 않을 때까지 모든 것이 파괴되어야 한다. 모든 국가와 교회, 종교, 법, 교육 그리고 사회적·경제적 체계가 모조리 부서질 때까지."

"파괴의 즐거움은 곧 성취의 즐거움이다."

바쿠닌은 사회주의자 그리고 공산주의자를 못마땅하게 여겼다. 바쿠닌의 생각에 따르면 그들은 너무 국가와 관계가 깊었고 또한 관료적이기 때문이었다.

이 감성적인 국제 혁명가는 삶의 마지막을 스위스에서 보냈으며 그곳에서 죽음을 맞이했다. 불행하게도 방광과 신장에 통증을 만들어준 전립선 확장증은 정열적인 혁명가를 무기력하게 만들었다. 요독증이 바쿠닌을 죽음으로 몰고 갔다.

**"나에게 더 이상 필요한 것은 없어"**

러시아어로 그는 속삭였다. 그리고 지상에서의 마지막 말을 남겼다.

**"난 내 노래를 불렀을 뿐이야"**

화강암으로 만들어진 바쿠닌의 비석은 스위스 베른의 묘지에 남아 있다.

# 딜런 토머스

Dylan Marlais Thomas, 1914~1953

영국의 시인. 웨일스에서 태어나 학교를 졸업한 후 바로 작가의 길로 들어섰다. 1934년 처음으로 발표한 시집 『18편의 시』를 통해 젊은 천재 시인으로 인정받아 폭발적 인기를 모았다. 이후 시를 비롯한 문학 분야에서 성공을 거두었다. 미국 전역을 돌며 낭독 순회공연을 하기도 했다. 쓴 작품으로 「사랑의 지도」, 「죽음과 입구」가 있다.

사실 이 영국 웨일스 문학가가 정말 천재였는지에 대해서는 지금도 의견이 분분하다. 그러나 확실히 딜런 토머스는 재능이 넘치는 시인이었다. 그는 자연과 사랑 그리고 죽음을 노래한 서정적인 시인이었고 특히 언어와 운율의 대가였다. 다만 그의 친구 중 한 명이 "토머스는 마치 호되게 얻어맞은 권투선수처럼 옷을 입고 다녔다"라고 회상할 정도로 형편은 좋지 않았다.

"그는 합창단 소년처럼 생겼지만 볼셰비키처럼 말했고, 몸에 구멍이 난 것처럼 술을 들이부었으며, 흡사 암 광고라도 찍고 싶은 사람처럼 무서운 골초였다."

그에게 있어 삶의 활력소는 오로지 쓴 맥주와 위스키뿐이었다. 그야말로 스트레이트로 마셔댔으니 술로 인해 섬망증이 생긴 것은 놀랄 일도 아니었다.

또한 아일랜드 출신의 아내, 케이틀린 맥나마라를 기회가 있을 때마다 기만했다. 그는 결혼식 직전에 아내에게 본인 삶의 네 가지 규칙을 다음과 같이 알려주었다.

"무전, 만취, 미래성 없음, 신의를 기대하지 말 것."

1953년 가을, 케이틀린은 술에 찌든 남편을 떠나 홀로 뉴욕으로 향했다. 토머스 역시 불쾌한 웨일스의 겨울을 나기 위해 돈을 벌어야겠다고 마음먹었다. 미국으로 향한 그는 자신의 작품 「밀크우드 아래서」를 무대에 올리기 위해 이리저리 뛰어다녔다. 그 작품은 일종의 '소리극'으로 낭만적인 라디오 희극이었다. 사람들은 점점 그의 작품에 빠져들기 시작했다. 그러나 허무하게도 이 작가는 세계적인 성공을 거두기 전에 알코올 중독으로 세상을 하직했다.

어느 날 늦은 오후, 토머스는 미국인 애인 리즈에게 술을 좀 마셔야겠다고 말하고는 홀로 어느 술집으로 향했다. 그로부터 약 1시간 반 정도 시간이 흐르자 그는 머물던 첼시 호텔로 비틀거리며 돌아왔다.

**"열여덟 잔의 위스키를 스트레이트로 마셨어.
내 생각에 이건 최고 기록인 것 같아."**

곧 39세의 토마스는 고대 그리스인들이 '깊은 잠'이라고 표현하던 혼수상태에 빠졌다. 5일 뒤 그는 눈을 뜨지 못한 채 그대로 사망했다.

# 십자가에 매달린 예수의
# 마지막 말

지금까지 처형된 사람 중 예수만큼 인류에 지대한 영향을 끼친 인사는 없었다. 그런 만큼 그가 남긴 유언도 더욱 중요하게 여겨진다. 약 2,000년 전, 예수는 로마의 강압적인 핍박으로 인해 십자가에서 죽음을 맞이했다. 하지만 그 순간이 인류 역사상 가장 막강한 힘을 지닌 종교인 기독교가 탄생한 시발점이 되었다.

십자가에 매달린 이 남자는 자신이 "사람이 아니라 하느님의 아들"이라고 주장했다. 다시 말해 이 모든 세계를 창조하고, 하늘과 모든 별들을 영원토록 지배해온 창조자의 아들이 바로 자신이라고 했던 것이다. 그가 사람들에게 한 주장과 약속, 하느님에 대한 찬사는 기독교 신앙의 초석이 되었다. 당시의 증인들이 이 모든 내용을 『성경』에 기록했다.

예수가 십자가에 매달려 죽음을 맞이하자 여태껏 어느 누구의 처형에도 일어나지 않았던 기적이 일어났다. 그날 12시부터 15시경에 예상치 못한 어둠이 세상에 깔렸고 땅이 흔들렸다. 주변의 바위들이 부서지고 무덤이 열렸다. 무덤 속에서 안식하고 있던 예수는 다시 깨어나 예루살렘으로 가서 승천하기 전에 사람들과 마지막 대화를 나누었다. 죽은 뒤 다시 부활한 하느님의 아들은 그의 제자들에게 마지막 충고와 사명을 부여하고 하늘나라로 올라갔다고 한다.

당시 예수의 제자 중 한 명인 마가는 안타깝게도 그 자리에 참석하지 못했다. 하지만 마가는 예수가 서거한 지 30~40년이 흐른 뒤 예수의 업적과 삶 그리고 죽음에 대해서 첫 번째로 기록했다. 그는 예수의 죽음에 대한 기록을 가장 먼저 집필했기 때문에 전해지는 복음서의 저자들 중 가장 믿음직한 증인으로 평가된다. 다른 세 명의 복음서 저자들은 그보다 시간이 더 흐른 후에 예수의 죽음에 대해서 기록했다. 마태는 50년 뒤, 누가는 약 60년 그리고 요한은 거의 70년이 흐른 뒤에야 복음서에 예수의 죽음에 대해서 쓰기 시작했다.

이 네 명의 제자들은 십자가에 달린 예수의 마지막 일곱 마디의 말을 전하지만 안타깝게도 이들이 쓴 내용은 모두 일치하지 않는다. 논리적으로 생각한다면 죽어가는 이가 마지막으로 남긴 말은 일곱 가지가 아닌 하나여야 이치에 맞는다. 기독교에서는 예수가 일곱 번째 말을 남길 때 쓰러졌기 때문에 진정한 유언은 '일곱 번째 말'이라고 간주한다. 한편 기독교에서도 예수의 죽음을 묘사한 성경의 불일치성에 대해 만장일치로 인정하는 바, 예수가 남긴 최후의 말은 시간이 흐르면서 조금씩 와전되었을 가능성도 시인하고 있다. 따라서 예수의 마지막 유언은 고유한 신학적 믿음에 따라 조금씩 변형되어 왔다고 볼 수 있다. 네 명의 복음서 저자들이 예수의 마지막 말을 얼마나 있는 그대로 꼼꼼히 전했는지, 또한 그것이 신뢰할 만한 것인지에 대해서는 아직까지도 많은 논란이 제기되고 있다.

예수 그리스도의 사도들 중 신뢰할 수 있는 믿음직한 전도사이자 모든 교황이 선구자로 인정하는 마가는 많은 선교 여행을 다녔다. 마가는 순교殉敎(신앙을 지키기 위하여 목숨을 바치는 일)의 길을 걷기 전 자신의 이름을 붙인 복음서 『마가복음』을 집필했다. 그리고 복음서를 통해 예수의 마지막 순간을 자세하게 묘사했다. 그에 따르면 예수는 십자가 위에서 단 한마디의 마지막 말을 했다고 전해진다.

"나의 하느님, 나의 하느님, 어찌하여 나를 버리셨나이까?"

이 말은 심한 채찍질을 당하고 십자가에 못 박힌 후 쓰러진 예수가 지상에서의 죽음 직전 자신의 모국어인 아람어로 말한 것으로 알려졌다. 그러나 특이한 점은 십자가에서의 첫 대사이자 최후의 발언인 이 말이 「시편」 22장에서 시작되는 문장과 너무나 동일하다는 것이다. 따라서 추측하건대 마가는 죽어가는 이가 스스로 무언가를 전하길 원했다기보다는 기존의 구절을 인용했다고 생각했던 것 같다.

또 다른 제자인 마태 또한 같은 사건을 『마태복음』
을 통해 전달한다. 예수의 마지막 유언인 "나의 하
느님, 나의 하느님, 어찌하여 나를 버리셨나이까?"
이외에 다른 말은 언급하지 않고 있다. 그는 12사
도들 중 한 명으로 예수를 잘 알고 있었다. 그러나
그 또한 예수의 마지막을 곁에서 바라보지 못했다.
세 번째 복음서를 집필한 시리아인이자 이교도였던
누가는 의사였으며, 예수의 죽음 이후 기독교로 개
종한 것으로 알려져 있다. 따라서 처형 당시 그 자리
에 없었다. 그가 예수에 대하여 복음서를 집필하던
때는 이미 그의 죽음으로부터 약 60년이라는 시간
이 흐른 뒤였다. 또한 누가는 나머지 세 명으로부터
예수가 남긴 유언에 대해 듣지 못했다. 그에 따르면
집행자들은 골고다 언덕에서 예수의 양옆에 있는 십
자가에 범죄자도 한 명씩 매달았다. 이때 예수는 하
느님에게 용서를 구했다.

"아버지, 저 사람들을 용서하여 주십시오! 그들은
자기가 하는 일을 모르고 있습니다."

십자가에 매달린 예수가 오랜 시간 동안 의식을 잃지 않은 채 있었다는 점에 대해서는 모두의 의견이 일치했다. 따라서 십자가 위에서 고통을 받던 이 세 명 사이에서 짧은 대화가 오고 갔을 것이라고 추측할 수 있다. 또 『누가복음』에는 범죄자 중 한 명이 예수를 도발적인 언행으로 조롱했다고 전해진다.

"당신이 그리스도라면 당신을 구하고 우리를 살려주시오."

그러나 다른 한 사람은 자신에게 내려진 마지막 형벌을 받아들이는 모습을 보이며("우리가 한 행동의 대가에 따라 그 결실을 맺은 것이오"), 예수에게 "주여, 당신의 나라에 임하셨을 때 저를 생각해주십시오"라고 말했다. 그러자 예수는 그에게 말했다.

"오늘 네가 정녕 나와 함께 낙원에 들어가게 될 것이다!"

3시간 후, 어둠이 지나가고 신전의 휘장이 갑자기 둘로 찢어지자 예수는 크게 외쳤다.

"아버지, 제 영혼을 아버지 손에 맡깁니다!"

누가는 이어서 다음과 같은 말을 전했다.

"그리고 그가 그것을 말했을 때, 세상을 떠났다."

그 후 더 많은 시간이 흐른 후 네 번째 복음사가이자 예수가 사랑하던 아이, 요한이 『요한복음』을 집필했다. 그는 일찍부터 전도사로 세상을 누비며 선교 활동을 했으며, 예수가 십자가에 매달렸을 때 그 곁을 지키던 유일한 제자였다. 그러나 요한은 예수의 죽음 이후 70년이라는 세월이 흐른 뒤에야 복음서를 집필했다. 그는 다른 유언들과는 완전히 다른 말을 기억하고 있었다.

요한의 말에 따르면 다음과 같다. 십자가 위에서 예수는 마지막 길을 함께 따라온 요한과 어머니를 알

아팠다. 슬퍼하는 어머니 마리아를 위로하기 위해
예수는 이렇게 말했다.

"여자여, 보세요. 이 사람이 어머니의 아들입니다!"

그런 후에 그는 아이에게 말했다.
"보거라, 이분이 네 어머니시다!"

또 예수는 자신의 죽음을 감지하고 마지막 직전에
소원을 말했다.

"목이 마르구나."

사람들이 신 포도주가 배어든 찬 해융(해면. 일종의 스
펀지)을 예수의 입으로 가져갔다. 목을 축이고 난 뒤
죽어가는 예수는 마지막으로 다음과 같이 말했다
고 한다.

**"다 이루었다."**

## 3장

언젠가는 인생이라는
거대한 연극이 막을 내리는
순간이 올 것이기에

# 임마누엘 칸트

Immanuel Kant, 1724~1804

독일의 철학자. 동프로이센의 수도 쾨니히스베르크(지금의 칼리닌그라드)
에서 태어나 평생을 같은 도시에서만 살았다. 고향의 대학에서 공부하고
모교의 교수가 되었다. 경험주의와 합리주의를 통합하는 입장에서 서유
럽 근세 철학의 전통을 집대성하고, 그 이후의 발전에 새로운 기초를 확
립한 철학자로 평가받는다. 쓴 책으로 『순수 이성 비판』, 『실천 이성 비
판』이 있다.

철학자 칸트는 『순수 이성 비판』을
시작으로 『실천 이성 비판』 그리고 『판단력 비판』을 통해
서 새로운 철학 세계를 구축해 나갔다. 그러나 칸트의 글
은 너무나 난해하여 그의 책들은 일반 대중이 아닌 학자만
을 위해 쓰인 것이라고 볼 수 있다. 보통 사람들은 실천 이
성에 관한 책 속에 등장하는 '단언적 명령'만을 이해할 수
있었고, 그것에서 감동을 받는 데 만족해야 했다.

그러나 살아생전 칸트의 생활은 그의 위대한 사상과는 판이하게 달랐다. 칸트는 동프로이센에서 마구를 만들어 팔던 가난한 집안의 아들로 태어나 평생 쾨니히스베르크를 벗어나본 적이 거의 없었다. 동프로이센을 벗어난 적이 없는 것이다. 칸트는 그 지역 토박이였으며 죽을 때까지 미혼으로 남았다. 그 이유는 그가 건강하지 못했고, 또한 눈에 확연하게 보일 정도로 진행된 척주 만곡 증상으로 고통받았기 때문이었다.

이 괴상한 독신자가 유명해진 것은 좀 더 나이가 든 후였다. 그때까지 칸트는 가정교사, 사서 그리고 대학에서 철학 과목을 무료로 가르치는 강사로 일해야 했다. 노년이 되자 칸트는 이미 정신적으로 매우 약해진 상태였고, 그는 스스로 자신의 심적 건강이 쇠퇴하는 것을 느꼈다. 그리고 마지막에는 노환으로 언어 장애 증상마저 보였다. 그러나 칸트가 일생 동안 보여준 윤리적 행동에 대해서는 의심할 여지조차 없다.


"많은 짐들, 때로는 감당하기 힘들었던 짐들에 대해서도 곧 좋은 일로, 곧 그것에 대해 다시 감사하게 됩니다."

그는 자신의 주치의에게 이렇게 마지막 인사를 남겼다. 칸트는 그에게 지불했던 비용을 '짐'이라고 표현했으나 의사의 보살핌에 대해서는 고마움을 표시했다. 칸트는 자신의 묘비에 실천 이성에서 항상 염두에 두고 있었던 두 가지 사실을 새겨 넣었다.

### "별이 빛나는 하늘은 내 위에 있고
### 윤리적 규율은 내 안에 있다."

칸트는 그의 마지막 날 밤, 간병인과 친구와 함께 있었다. 친구 바시안스키는 칸트에게 설탕을 넣어 묽게 탄 와인을 주었다. 칸트는 그것을 마시고 이렇게 속삭였다.

### "아! 좋다."

# 아르키메데스

Archimedes, B.C. 287~B.C. 212

고대 그리스의 수학자·물리학자. 시칠리아섬 출생으로, 당시 문화의 중심이던 알렉산드리아의 연구소 무세이온에서 수학자 코논에게 기하학을 배웠다. 그 유명한 '아르키메데스의 원리'를 발견했고, 수학을 실제 문제 해결에 연결 지음으로써 그리스 수학을 한층 더 진전시킨 학자로 평가받는다. 쓴 책으로『구球와 원기둥에 대하여』,『부체浮體에 대하여』등이 있다.

아르키메데스는 나사, 나선식 펌프, 도르래를 발명했고, 자신의 조국인 시칠리아의 수도 시라쿠사를 로마의 침략으로부터 보호하기 위해 전쟁 무기와 투석기를 고안했던 고대 그리스의 위대한 수학자이자 물리학자였다.

그는 삶의 긴 여정 동안 수학 이론을 정립하는 데 혼신을 다했다. 하지만 그가 주장한 '아르키메데스의 점(긴 지렛대와 그것이 놓일 장소만 있다면 지구라도 들어올릴 수 있다는 의견)'은 아직 발견되지 않고 있으며, 추측컨대 아마도 우주 어딘가에 위치하고 있을 것이다.

"내가 설 수 있는 자리를 지정해주시오. 그럼 내가 지구를 움직여보겠소."

그에 반해 정수학의 기본 이론인 아르키메데스의 원리(물 속에 물체를 넣으면 그 물체와 같은 부피만큼의 물이 흘러넘치고, 또 흘러넘친 물 무게만큼 물체의 무게도 줄어든다는 원리)는 오늘날까지도 물리학의 기본으로 인정받고 있다. 무엇보다 아르키메데스가 목욕을 하던 도중 원리를 깨달은 순간 "유레카!"라고 소리친 일화는 그의 발견과 더불어 널리 알려져 있다. 당시 고대 로마 군단은 오랜 전쟁 끝에 마침내 아르키메데스가 사는 도시인 시라쿠사를 점령했다. 그러던 어느 날, 아르키메데스는 자신의 집에 침입한 로마 용병과 언쟁을 벌였고 결국 그 싸움은 그의 죽음을 초래했다. 그때 이 고령의 과학자는 언제나처럼 바닥에 앉아 고운 모래 위에 원을 그리며 계산을 하고 있었다. 그때 군인이 들어섰고, 뜻하지 않게 군인의 그림자가 이 과학자의 연구를 방해한 것이다. 이에 분노한 아르키메데스는 화를 내며 소리쳤다.

## "내 원을 밟지 마시오!"

그로 인해 아르키메데스는 죽음을 맞이하고 말았다. 위대한 학자의 죽음치고는 참으로 어처구니없는 결말이라 볼 수도 있지만, 동시에 그의 삶은 늘 연구로 점철돼 있었음을 느낄 수 있기도 하다.

# 표도르 도스토옙스키

Fyodor Mikhailovich Dostoevskii, 1821~1881

19세기 러시아 문학을 대표하는 세계적 문호. 농노 제도가 무너지고 자본주의 질서가 들어서려는 과도기의 러시아에서 시대의 모순에 고민하면서, 동시에 인간 내면에 깃든 병적이고 모순된 마음를 밀도 있게 해부한 그의 문학 세계는 현대 소설에 큰 영향을 끼쳤다. 쓴 작품으로 「죄와 벌」, 「카라마조프가의 형제들」, 「가난한 사람들」 등이 있다.

도스토옙스키는 독일의 소설가 토마스 만Thomas Mann의 말을 인용하자면 "모든 장면이 온 신경 조직에 경련을 일으킬 정도로 자극적인 작품"을 남긴 작가이다.

모스크바에서 출생한 그는 28세가 될 때까지 투쟁적인 사회주의자이자 무신론자였다. 1849년, 차르의 재판관은 그가 가진 정치적 성향에 대해 벌을 내렸다. 교수형을 선고한 것이다. 그러나 교수대의 밧줄을 눈앞에 두고 도스토옙스키는 4년간의 시베리아 유형을 떠나는 것으로 감형받았다. 이런 놀라운 경험 후 그리고 병으로 고통받으면서 (그는 약 1862년부터 간질을 앓았다) 도스토옙스키는 독실한 러시아 정교회의 교인이 되었다.

현대 소설의 창조자인 그는 새로움과 대담함이 넘치는 방대한 작품들을 집필했지만 러시아의 작가 고골처럼 문학이 그를 평온하게 하거나, 기쁘게 하지는 못했다. 그래서인지 그는 종교에 집착했으며 비정상적일 정도로 향이나 성화, 초를 주변에 두었고 주교들을 항상 찾았다.

그러나 그의 강한 '러시아적 정신'만큼은 쉽게 무너지지 않았다. 그가 죽기 전해에 열린 작가 푸시킨을 기리는 축제에서 도스토옙스키는 러시아적 정신이란 "인류적이고 단합적인 것"이라고 연설했다. 그러기 위해서는 위대한 조화를 이뤄야 하고 또한 그것이 이루어질 때 "유럽에서 벌어지고 있는 불협화음을 조정할 수 있을 것"이라고 단언했다. 청중들은 그의 연설에 매료됐으며 그중 대부분은 눈물을 흘렸고 몇몇은 기절까지 했다. 그러나 이와 반대로 도스토옙스키는 자신의 개인적인 삶의 행복에 대해서는 경계를 긋곤 했다.

어느 날 하루는 그가 서재의 무거운 책장을 옮기다가 폐와 연결된 혈관이 터지는 사고를 겪게 되었다. 하필 당시 그는 여동생과 유산 문제로 다투곤 했었는데 그 스트레스까지 더해져 결국 죽음에 이르게 되었다.

### "내가 오늘 죽는다는 것만큼은 확실해졌어."

도스토옙스키는 생을 마치던 날 부인에게 말했다. 그녀는 남편의 주위에 초를 켜고 성경을 읽어주었다.

### "신이시여, 나를 이곳에 버려두지 마세요."

표도르 도스토옙스키는 간절히 기도했고 몇 분 후에 사망했다.

# 카를 융

Carl Gustav Jung, 1875~1961

스위스의 심리학자·정신 의학자. 바젤대학과 취리히대학에서 의학 공부를 했고, 몇 년간 지크문트 프로이트와 함께 연구 활동을 했다. 그러나 프로이트의 일부 주장에 대해서는 반대하고, 무의식을 개인 무의식과 집단 무의식으로 나누며 독자적 학설을 펼치고 분석심리학을 창시했다.

　　　　　　　　　　카를 융, 그의 85번째 생일날 취리히에서는 이 심리학자를 명예시민으로 추대했고, 그는 그 사실을 기쁘게 받아들였다. 융은 비평가들이 인정하는 것처럼 확고한 신념을 바탕으로 세워 만든 자신의 분석심리학을 전 세계에 알리는 데 큰 역할을 했다. 비엔나의 신경과 의사인 프로이트로부터 시작된 이 학문은 무의식적인 자아의 움직임을 발견하는 데 중점을 두었다. 융은 일찍부터 이

분야에서 뛰어난 재능을 보였다. 융은 프로이트의 권유로 1911년 새로 창립된 국제정신분석학회의 초대 회장을 맡았다. 그러나 프로이트와의 견해 차이로 오랫동안 그 자리를 지키지 못했고, 결국 1년 뒤에 프로이트와 결별했다. 그후 그는 자신만의 세계를 구축해 나가면서 분석심리학을 발전시켰다. 그 외에도 이 스위스인은 초자연적인 현상(이와 관련하여 학위를 수여받았다), 신화, 종교적 예언 등에 대해서도 수용적인 입장을 취했다. 또한 그가 창립한 분석심리학 학교는 아직까지도 번창하고 있으며, 세계 모든 대륙에서 그의 제자들을 찾아볼 수 있다.

융의 개인적 삶을 살펴보자면 평소 그는 강한 시민 의식을 가지고 있었고, 행복한 가족과 함께 지내는 집도 소유하고 있었다. 군대에서 국방의 의무를 수행하기도 했다. 그러나 이런 개인적인 면모와, 신경과 의사로서 보이는 몇 가지 몽상가적 생각은 서로 현저한 차이를 보였다.

마지막 순간까지 그는 자신의 영혼을 직접 관찰했다. 그리고 영국인 간병인에게 자신의 영혼에 대해서 "저 먼 세상에 속하는 황홀하고 고귀한 것"이라고 말했다. 1961년, '행복한 꿈'을 꾸고 난 어느 여름날 이후 융은 이를 더 깊이 확신했다.

"지금까지 조금 부족했던 모든 것에 대한 진실을 이제 알 것 같아. 그렇지만 이 모든 것에 대해 깨닫게 된다면 아마 그때는 이 세상 사람이 아니겠지."

그는 영원히 눈을 감기 전까지 지속적이고 잦은 발작으로 인해 고통에 시달렸는데 그 와중에도, 마지막 순간에도 다른 걱정에 빠져 있었다.

**"내가 죽어간다는 것을
다른 사람들은 알고 있을까?"**

# 뒤바리 백작 부인

Madame Du Barry, 1743~1793

프랑스 왕 루이 15세의 정부. 기욤 뒤바리와 결혼한 뒤 뒤바리 부인이 되었고, 1764년에 퐁파두르 후작 부인에 이어 루이 15세의 정부가 되었다.

　　　　　이미 오래 전에 죽음을 맞이한 루이 15세의 유명한 애인이었던 뒤바리 백작 부인은 '모반죄'로 혁명위원회로부터 죽음을 선고받았다.

그녀는 귀족이 아닌 평민 출신으로 매춘부였다. 우연히 루이 15세를 만나게 됐고, 왕이 그녀를 마음에 들어 해 공식적인 정부가 되었다. 다만 출신 때문에 왕의 딸이나 루이 16세의 아내인 마리 앙투아네트도 뒤바리 백작 부인을 무시하기 일쑤였다. 이후 시간이 흘러 루이 15세의 병세가 악화되자 출궁하게 되었고, 이후 프랑스 혁명이 일어난 뒤 단두대에서 처형당한다.

대부분 술에 늘 취해 있는 사형집행관이 높은 신분의 사람들을 칼로 내리쳐 저세상으로 보내던 시절의 처형 방식은 굉장히 비전문적이었다. 그래서 처형 과정에서 많은 피가 흘렀다. 사행집행관에게 던진 그녀의 마지막 질문은 다음과 같다.

**"날 아프게 하진 않겠죠?"**

# 마리 퀴리

Marie Curie, 1867~1934

폴란드 태생의 물리학자·화학자. 1891년, 소르본대학에 입학하여 수학과
물리학을 전공했다. 몇 년 뒤 피에르 퀴리와 결혼하여 남편과 공동으로
방사능 연구에 착수했고, 1898년 7월에 폴로늄을, 12월에 라듐을 발견하
여 1903년에 함께 노벨 물리학상을 받았다. 남편이 죽은 후, 단독으로 연
구를 계속해 순수한 금속 라듐을 분리하는 데 성공하여 1911년에 노벨 화
학상을 받았다. 그리고 여성으로서 최초로 소르본대학의 교수가 되었다.

　　　　　　　마리 퀴리는 살면서 두 번이나 노벨
상을 수상한 유일한 여성이다. 1903년에 물리학상을 수상
했고, 1911년에는 화학상을 수상했다. 퀴리는 폴란드 태생
이지만 24세라는 젊은 나이에 파리로 와 세계적인 명성을
얻었다. 동료 물리학자인 알베르트 아인슈타인은 퀴리 부
인에 대해 칭찬을 아끼지 않았다.

"그녀는 세계의 모든 유명 인사 중 그 명성이 전혀 사라지지 않을 유일한 사람이다."

그녀는 남편 피에르와의 공동 연구를 통해 방사화학 분야의 초석을 쌓았다. 1898년, 퀴리 부인은 새로운 원소인 라듐과 폴로늄을 발견했다. 그녀는 자신의 발견을 의학적으로 활용할 수 있도록 실용적인 연구에 몰입했으며 결국 성공했다. 하지만 불행하게도 연구에 몰두하는 동안 건강이 악화되고 말았다. 방사선이 얼마나 건강에 해로운지를 자기 자신의 삶을 통해 증명한 셈이다. 그녀의 두 손은 수십 년간 라듐을 접촉한 탓에 망가졌으며 생의 마지막에는 조혈이 발생했다. 1934년 여름, 딸 이브와 함께 퀴리 부인은 스위스 린더룽을 방문했다. 그녀는 자신의 병이 이전에 걸렸던 폐결핵으로 인한 것이기를 바랐다.

임종 직전 열이 잠시 내리자 퀴리 부인은 햇살 가득한 알프스를 바라보며 그동안 그녀가 미처 알지 못했던 깨달음을 얻었다.

"나의 고통을 덜어준 것은 약이 아니라
자연과 신선한 산의 공기로구나."

# 얀 후스

Jan Hus, 1372~1415

체코의 신학자·종교 개혁자. 존 위클리프의 종교 개혁 운동에 뜻을 같이
하며 고위 성직자들의 부와 권력의 세속화를 강력히 비판했다. 1415년,
콘스탄츠 공의회에 소환되어 화형에 처해졌다.

이 체코 보헤미아 출신의 성직자가
독일 콘스탄츠에서 화형장으로 끌려갈 때, 그는 검은 가운
위로 붉은 악마가 달린 이단자의 모자를 쓰고 있었다. 교
회 회의에서는 악마가 그의 영혼을 지옥으로 끌고 가 그곳
에 영원히 머무르게 할 것이라고 결론을 내렸다. 33명의
추기경과 900명의 주교, 2,000명의 신학 박사들이 모였고,
거대한 가톨릭교도들의 회의는 4년 동안 계속되었다. 그들

은 어지럽혀진 종교적 질서를 재정립하려고 했다. 사실 여러 가지 상황에 비추어볼 때 꼭 그래야만 하는 시기였다. 유럽 전역에서 혼란과 폭동이 벌어지고 있었고, 세 명의 교황이 동시에 군림했으며, 독일의 경우 세 명의 왕과 황제가 나란히 함께 나라를 통치하고 있었기 때문이었다.

민중의 전도사였던 얀 후스는 유럽의 중심 국가이자 '황금의 프라하'로 불리는 보헤미아의 국민들을 계몽했다. 그는 왕족들의 사치스러운 생활을 혐오했고, 로마 교황청에 반기를 든 진정한 애국자였다.

후스는 "낯선 여인들과의 정숙하지 못한 행동, 폭식과 폭음, 도둑질, 살인, 거짓 맹세, 폭리, 싸움, 분쟁"을 반대하며 사람들에게 설교했다. 그러한 그의 행동은 점차 사회적 약자의 마음을 움직이기 시작했지만 시간이 흐를수록 통치자들은 그를 경계하기 시작했다. 나중에 로마 제국의 황제인 지기스문트가 후스의 안전을 보장하며 종교 회의에 참석할 것을 요구했지만 결국 종교 재판을 막아주지는 못했다. 후스는 콘스탄츠에 도착하자마자 체포되었다.

그는 형장에서 축축한 밧줄로 화형대에 묶였다. 호위병들과 작별 인사를 나누었고 마지막으로 형 집행인을 용서했으나, 이단적인 이론을 철회하라는 한 의전관의 마지막 요구만큼은 무시했다. 그 대신 자신의 예언적인 마지막 유언을 외쳤다.

"오늘 당신들은 볼품없는 거위를 불에 태우지만
100년의 시간이 흐른 뒤에는
당신들이 영원히 태워 없애지 못할
백조의 노랫소리를 듣게 될 것이오!"

그리고 실제로 그의 예언처럼 100년이 흐른 뒤, 교회사에 있어서 위대한 개혁자인 마르틴 루터(54쪽 참고)가 등장했다.

# 마를레네 디트리히

Marlene Dietrich, 1901~1992

독일 태생의 영화배우. 이지적이고 육감적인 매력을 지녀 영화사상 가장 매혹적인 여배우로 손꼽힌다. 1930년, 영화「탄식의 천사」의 주역으로 주목을 받았고, 이후 미국으로 건너가「모로코」,「상하이 특급」,「블론드 비너스」 등 탐미적인 작품의 여주인공으로 그레타 가르보와 함께 할리우드의 여왕으로 인기를 누렸다.

마를레네 디트리히는 베를린 출신으로 지난 세기를 대표하는 세계적인 독일의 스타였다. 활동 당시 할리우드는 디트리히의 손바닥 안에 있었고, 그녀의 명성이 오랫동안 지속될 수 있었던 데는 누구와도 비교할 수 없는 강한 카리스마가 한몫했다. 또한 날씬하고 긴 다리가 트레이드마크일 정도로 매우 아름다웠으며, 태도도 성실했고 자신감이 넘쳤다. 때론 터프하기까지 했다.

디트리히를 동경하는 남자들의 수는 헤아릴 수 없을 정도로 많았다.

세월이 흘러 71세가 된 그녀는 공연 중 오케스트라석으로 떨어져 다리를 다쳤다. 그러나 그 상처가 다 아물기도 전에 순회공연을 감행했다. 73세가 되던 해에는 텍사스에서 심장 혈관이 수축되어 인공 호스로 대체하는 큰 수술을 했다. 그다음 해에는 고관절과 허벅지에도 무리가 왔다.

연기자와 가수로 몇십 년간 왕성하게 활동했지만 더 이상 활동을 이어나갈 수 없는 시기가 왔고, 결국 그녀는 파리에 있는 집으로 돌아왔다. 그 후, 그 누구도 공공장소에서 더 이상 그녀의 모습을 볼 수 없었다. 디트리히는 사람들의 기억 속에 아무것도 할 수 없는 늙은이가 아닌 영원한 스타로 남고 싶었기 때문이었다.

디트리히의 오랜 친구인 작가 어니스트 헤밍웨이와 에리히 마리아 레마르크, 배우 장 가뱅은 그녀보다 먼저 세상을 떠났다. 또한 53년의 결혼 생활 동안 46년을 떨어져 지낸 그녀의 남편도 먼저 죽음을 맞이했다. 디트리히도 세월을 피해 가지 못했다. 날이 갈수록 심장의 활동성이 떨어졌고 기억력도 감퇴했다. 그러나 노환은 몸은 병들게 했을 지언정 그녀의 유머까지 앗아가지는 못했다. 어느 날 디트리히는 집을 방문한 목사에게 다음과 같이 말했다.

**"전 당신의 상사와 약속 시간을 잡아놨어요."**

목사의 상사라면 하느님뿐이니 이 말인즉 스스로 죽음이 다가왔음을 자각하고 있다는 재치 있는 표현이었다.
계속해서 고립된 생활을 하던 그녀에게는 오직 전화가 세상과 이어지게 해주는 유일한 수단이었다. 5월의 화창한 어느 날, 자신의 방에서 영원히 잠들기 직전에 디트리히는 전화로 친구에게 말했다.

**"우리는 우리가 원했던 모든 것을 얻었어.
그렇지 않니?"**

"죽어가는 이에게 죽음이란
불행이 아니다.
그것은 살아남은 이에 대한
불행인 것이다."

# 루트비히 판 베토벤

Ludwig van Beethoven, 1770~1827

독일의 작곡가. 1795년에 피아노 연주자로 데뷔했으나 귓병으로 인해 작곡에만 전념했다. 하이든, 모차르트의 영향을 받고 루돌프 대공 등의 도움으로 작곡가로서의 지위를 확립했고 불후의 작품들을 남겼다. 대표적인 작품으로 「영웅 교향곡」, 「교향곡 5번(운명)」, 「교향곡 6번(전원)」 등이 있다.

"나에게 주어진 가장 고귀한 재능, 청각이 거의 소실됐음을 깨달았다."

독일의 위대한 음악가가 32세의 나이에 자신의 유언장에 앞과 같이 기록했다.

"그로 인해 나는 흡사 유배지에 고립된 사람처럼 살아야 한다. 주변 사람들이 멀리서 들려오는 플롯의 소리를 듣는 동안 난 들을 수 없었다. 그때 느꼈던 수치심이란… 단지 신체 능력의 일부가 사라진 것으로 볼 수도 있겠지만 내게는 내 삶을 마감한 것이나 다름없다. 예술, 그것만이 나에게 살고자 하는 의지를 부여한다."

베토벤이 남긴 138개의 작품들은 약 200년에 가까운 시간이 지난 현재까지도 인류의 보물로 인정받고 있다.

독일의 도시 본에서 태어난 베토벤은 자신의 남다른 재능에 대해 일찍부터 스스로 깨닫고 있었다. 그의 아버지와 할아버지도 비록 천재성을 띠는 못했지만 실력 있는 음악가였기에 베토벤은 어려서부터 음악 수업을 받을 수 있었다(훗날 모차르트와 하이든으로부터 받았다). 그러므로 어릴 때부터 작곡을 시작했다는 사실은 그리 놀라운 일도 아니다.

베토벤은 작곡가와 피아니스트, 비올라 연주가들로부터 그의 작품에 대해 점차 호평을 받기 시작했으며, 예술을 사랑하던 합스부르크가의 지배 하에 놓여있던 오스트리아의 화려한 수도 빈에서 눈부신 성공을 거두었다.

그러나 베토벤은 그에게 내려진 가혹한 운명으로 인해 고독하게 살아갈 수밖에 없었다. 그는 늘 절제된 생활을 했고, 하루하루를 핸디캡으로부터 자신의 음악적 재능을 보호하는 데 혼신의 힘을 다했다. 그런 노력으로 인해 베토벤은 삶의 마지막 해까지 창의적인 작곡 활동을 할 수 있었다. 이윽고 베토벤은 그의 「교향곡 9번」을 세상을 떠나기 3년 전에 완성시킬 수 있었다. 그 심포니에는 실러의 「환희의 송가」에 곡을 붙인 세계적으로 잘 알려진 합창곡들이 수록돼 있다.

그러나 이 시기에는 또 다른 질병들이 생겨나며 이미 청각을 잃은 베토벤을 계속해서 괴롭혔다. 전립선 확장으로 인하여 방광에 통증이 생겼고, 간이 손상되었으며, 무엇보다 호흡 곤란과 심장병이 그를 고통스럽게 했다. 의사들은 그의 상태를 수종으로 진단을 내렸다. 임종 성사를 치르기 위해 성직자를 부르려 하자 베토벤은 그의 곁을 지키고 있던 두 친구들에게 말했다.

**"친구들이여, 박수를 치게나.
드디어 이 희극이 막을 내리지 않나."**

이는 고대 로마 시대의 연극이 끝날 때 사용되던 전형적인 마지막 대사였다. 그다음 날, 을씨년스러운 날씨에도 불구하고 뢰데스하이머의 포도주 도매상이 두 병의 포도주를 보내왔다. 그 당시 사람들은 포도주가 수종과 손상된 간을 회복시킨다고 믿고 있었다. 포도주를 본 베토벤은 나직이 말했다. 그것이 위대한 음악가의 마지막 말이었다.

**"이런! 이런! 너무 늦었어…"**

# 레프 톨스토이

Lev Nikolaevich Tolstoi, 1828~1910

19세기 러시아 문학을 대표하는 세계적 문호. 명문 백작가의 아들로 태어나 젊은 시절에는 잠시 방랑한 생활에 빠지기도 했으나, 1851년 군에 입대해 복무하는 동안 저작 활동을 시작해 수많은 걸작을 남겼다. 귀족 출신이었으나 부유한 생활을 부정했고, 작품 「안나 카레니나」, 「전쟁과 평화」, 「부활」 등을 통해 구도적求道的 내면 세계를 보여주었다.

　　　　　　톨스토이는 그의 전 생애 동안 인류 존재의 의미를 찾으려 노력했다. 그는 전통 있는 귀족 가문의 부유한 백작으로 러시아 제국의 많은 유명인들과 친척 관계였다. 그래서 다른 작가들과 달리 노동과 빈곤 그리고 사회적 문제만 다루는 글을 고집하지는 않았다.
그는 고대 기독교의 기본 이념인 '비폭력'을 받아들였고, 또한 무정부주의에 매력을 느꼈다. 그는 그러한 것들을 자신의 삶에서도 그대로 실천하고 싶었으나 부유한 현실 속에서는 당연히 그렇게 할 수가 없었고, 따라서 그는 소박한 삶이 무엇인지 알기 위하여 구두장이로 일하며 몸소 하층민의 생활을 경험했다.

훗날 그는 심각한 결혼 문제로 시달리게 되었다. 그의 부인 소피아는 굉장히 히스테릭한 인물로, 아무런 이유 없이 늙은 남편을 병적으로 의심하고 시기했다. 그녀는 항상 많은 눈물을 흘리며 분노에 차 톨스토이에게 소리를 질렀다. 그럴 때면 어떠한 타협이나 양보도 먹히지 않았다.

그리하여 80대의 백작은 자신을 위해 그녀를 떠나기로 마음먹었다. 1910년 매우 추웠던 10월의 어느 날, 톨스토이는 목적지도 정하지 않고 열차에 올라탔다. 당시 그의 친구이자 주치의였던 의사만이 동행했다. 톨스토이는 "늙은 사람들이 주로 하는 것, 즉 자신의 마지막 날들을 고독과 평화 속에서 보내기 위해 세속적인 모든 생활을 버릴 것"을 원했다.

톨스토이는 집을 출발한 지 이틀이 되던 날 기차의 3등석 칸 안에서 폐렴에 걸렸다. 주치의는 그다음 정거장인 아스타포보에서 톨스토이를 붉은색으로 칠해진 철도원의 오두막 방에 눕혔다. 아마 톨스토이는 삶의 모든 것이 끝나가고 있음을 느꼈을 것이다. 세계적 대문호가 쓸쓸한 곳에서 마지막으로 남긴 말은 다음과 같았다.

**"이것이 끝이로구나. 니체보."**

니체보란 러시아어로 '상관없다'라는 뜻이다. 그리고 그는 다소 엉뚱한 최후의 질문을 던졌고, 그 대답을 듣지는 못했다.

**"농부들은 어떻게 죽음을 맞이하나요?"**

# 고트홀트 레싱

Gotthold Ephraim Lessing, 1729~1781

독일의 극작가·비평가. 저널리스트로 일을 시작하였고, 독일 최초의 시
민극 「미스 사라 삼프손」을 발표하여 주목을 끌었다. 끊임없는 문필 활동
중에도 잡지를 편집하고 발행하는 등 다양한 활동을 했다. 연극의 본질
을 밝히기 위해 「함부르크 희곡론」을 썼다.

ℳℒ

　　　　　　작가이자 독일의 유명한 계몽가인
레싱은 세상의 그 무엇도 두려워하지 않았다. 죽기 13년
전에 그는 자신의 책을 통해 "죽는다는 것은 그리 끔찍한
것이 아니다"라고 말했다. 목사의 아들인 레싱은 종교적
염원이기도 한 "영생은 불가능한가?"라는 질문을 갈파한
계몽가로서도 중요한 위치를 구축했다.

"나는 아마도 나의 임종이 다가오면 그때부터 두려움에 벌벌 떨지도 모른다. 그러나 임종이 다가오기 전까지는 그 무엇도 두려워 하지 않을 것이다."


그는 자신이 한 말을 지켰다. 늘 쉬지 않고 새로운 것을 탐구하는 학생(신학, 언어학, 의학)이었으며, 다양한 분야의 작가이자(신문기자, 번역가, 비평가, 동화작가, 극작가) 또한 직업도 여러 번 바꾸기까지 했다(비서, 극 평론가, 인쇄소 주인, 여행 가이드, 사서). 이처럼 왕성한 활동을 했지만 죽음의 순간은 그가 예상한 것보다 일찍, 52세에 찾아왔다.

부인과 사별하고 난 뒤, 레싱은 임시 고용인의 간호에도 불구하고 점점 병이 악화되기 시작했다. 그의 병명은 수종과 뇌졸중이었는데 폐수종(폐 속 림프액)으로 인한 잦은 발작이 그를 힘들게 했다.

레싱이 영원히 눈을 감던 날, 여러 방문객들이 그를 찾아왔다. 사후 수십 년이 흐른 후에 그의 양녀는 당시 레싱이 거의 말을 하지 않았고 단지 "설명할 수 없는 진지한 눈빛"과 함께 자신의 손을 잡고만 있었다고 전했다.

또한 그가 사망한 직후 레싱이 살던 브라운슈바이크 지역에는 묘한 이야기가 퍼졌다. 레싱은 항상 빈곤하게 살았기에 종종 복권을 사곤 했다. 그런 그가 마지막으로 아픈 몸을 이끌고 복권 판매소로 가 이렇게 속삭였다고 한다.

"52"

# 조세핀 베이커

Josephine Baker, 1906~1975

미국 태생의 프랑스 가수·무용가. 1920년대 초, 뉴욕 브로드웨이에서 활약하다가 1925년에 파리 샹젤리제 극장의 레뷰La Revue négre(시사 풍자의 익살극 –옮긴이)에서 춤을 춘 것을 계기로 파리 사교계와 무용계의 스타가 되었다. 제2차 세계대전 중에는 레지스탕스 운동에도 참가했으며, 전후에는 세계 각국의 전쟁 고아를 구제하는 데 힘썼다.

1975년 4월 파리 마들린 교회, 나폴레옹 1세에 의해 세워진 이 영예의 전당에서는 한 여성의 장례식이 마치 국가 원수의 장례식처럼 성대히 치러지고 있었다. 이런 경우는 처음인 동시에 마지막이기도 했다. 둔탁한 북소리 그리고 21발의 예포와 함께 미국 미시시피 세인트루이스 출신인 조세핀 베이커는 무덤에 묻혔다. 그녀는 제2차 세계대전 중 레지스탕스의 요원으로, 프랑스

군의 명예 장교로, 댄서로, 가수로 그리고 파리의 레뷰 스타로 지난 50년 동안 세계적인 명성을 누려왔다.

그녀는 스페인계 아버지와 미국 흑인 어머니 사이에서 태어났다. 당시 혼혈인에 대한 차별이 심한 사회적 분위기에도 불구하고 그녀는 프랑스와 세계 곳곳에서 많은 사람에게 존경받는 특별한 존재가 되었다. 베이커는 인종 차별이 영원하지 않음을 입증한 산 증인이었다. 그녀는 재능이 뛰어났을 뿐 아니라 항상 자신감이 넘쳤으며, 모든 일에 끈기를 가지고 임했다. 특히 그녀는 인권을 위해 투쟁했다. 당시 그러한 베이커를 동경하던 작가 어니스트 헤밍웨이는 그녀에 대해 "지금까지 보아왔던 또는 앞으로 보게 될 사람들 중 가장 인간다운 눈을 지니고 세상을 놀라게 하는 여성"이라고 평했다.

"나를 봐요!"

그녀는 레뷰가 시작될 때마다 관객들을 향해 이렇게 외친 후 그녀만의 개성이 살아 있는 춤을 추며 노래를 열창했다. 그녀는 55년 동안 '검은 비너스'로 칭송받으며 태풍의

눈과 같은 역할을 해왔다. 이렇게 전설적인 신화를 만들었던 베이커는 21살 때 자신이 인생을 어떻게 마감할지 이미 예견한 바 있다.

"살아 있는 동안은 춤을 출 거야.
나는 춤을 추기 위해서 태어났기 때문이지.
나에게 있어 삶이란 춤이야.
숨이 멎을 때까지 춤을 추다가
지쳐 쓰러져서 죽음을 맞이하고 싶어."

결국 베이커의 꿈은 이루어졌다. 파리의 큰 무대에서 춤을 추고 난 후 심장마비로 사망했기 때문이다.

# 알폰소 카포네

Alphonso Capone, 1899~1947

미국의 갱 두목. 뺨에 흉터가 있어 스카페이스라는 별명으로 유명하다.
어린 시절부터 갱단에 들어가 활동하다가 1920년에 거주지를 시카고로
옮겨 밀주, 매음, 도박 등의 불법 산업으로 돈을 벌어 시카고 이탈리아계
마피아의 1인자가 되었다. 수많은 범죄 사건을 배후에서 지휘하다 1932
년에 탈세 혐의로 투옥되었다.

오늘날까지도 그의 이름은 비윤리
적인 갱스터의 동의어로 여겨진다. 카포네는 시카고를 지
하 세계의 수도로 발전시켰으며, 모든 불법적인 방식을 동
원해 미국에 많은 물품을 밀반입했다.

남부 이탈리아 출신의 마피아 두목인 그는 범죄 조직을 하
나로 통합시켰고, 결국 그로 인하여 FBI의 지명 수배 명단
에 올랐다. 카포네는 뉴욕에서 유명세를 타는 모든 경쟁자

들을 살해하거나 제거했다. 또한 수억 달러의 수익을, 그 것도 현찰로 벌었지만 세금을 낸 적은 단 한 번도 없었다. 그리고 무엇보다 불공정한 점은, 카포네는 그가 제거한 적 들과는 대조적으로 자신의 침대에서 평온하게 죽음을 맞 이했다는 사실이다.

오동통한 얼굴에 운동과는 거리가 멀었던 이 갱스터는 (금 지된) 주류, 매춘 그리고 (금지된) 도박을 시민들에게 제공하 면서 수입을 올렸다. 또한 부유한 상인들에게는 그들의 뒤 를 봐주는 대가로 보호비를 강요했다. 카포네는 같은 분야 에서 활동하는 경쟁자들과 평화를 유지하는 것도 거부했 다. 그리하여 1929년 '성 밸런타인데이 대학살'과 같은 참 극이 벌어졌으며 그 와중에 7명의 동료를 기관총의 화염 속 에서 잃기도 했다. 배우 마릴린 먼로가 출연한 영화 「뜨거 운 것이 좋아」가 바로 이 장면에서 시작된다.

그 당시 경찰과 사법당국은 카포네의 어떠한 살인 혐의도 증명하지 못했지만 마침내 탈세 혐의로 11년 형을 선고했 다. 카포네는 5년 동안 공포의 섬으로 불리는 알카트라즈 감옥의 독방에 투옥되었다. 시간이 흐른 후 카포네는 출소 했으나 문제는 1928년에 매독에 감염되었다는 사실이었다. 그 당시는 페니실린이 존재하지 않던 시기라 그의 병은 완치될 방법이 없었다. 엎친 데 덮친 격으로 우려했던 상황이 연이어 발생했다. 성병의 합병증으로 중풍에 걸린 것이다. 그것은 카포네의 모든 원동력을 앗아갔으며 그때까지 누려왔던 즐거움까지 모두 빼앗아 가버렸다.

마이애미 플로리다의 화려한 대저택에서 카포네는 우울하게 마지막 말을 남기며 눈을 감았다.

"나는 수백만 명의 사람들이 함께 만든
이 세상의 유령일 뿐이다."

# 울리히 츠빙글리

Ulrich Zwingli, 1484~1531

스위스의 종교 개혁자. 체계적인 성경 강해로 명성을 날렸다. 루터의 영향을 받아 취리히의 종교 개혁에 나섰고, 이전보다 더 엄격하고 포괄적으로 모든 교리와 의식에 성서를 적용시켰다.

스위스의 종군 목사인 츠빙글리가 종교인으로서 처음 발걸음을 뗐을 때, 그는 자신에게 평생 50굴덴의 연금을 보장해주었던 신성한 아버지인 교황에게 충성을 다했다. 그러나 가톨릭 신도들은 전쟁터에서 그를 붙잡아 처형해버렸다. 그 이유는 츠빙글리가 개혁 교회를 설립했다는 점이었고, 금욕 생활을 저버리고 남편이 먼저 세상을 떠난 여인과 결혼했기 때문이었다.

무엇보다 신도들이 가장 분노했던 이유는 츠빙글리가 교회 내에서 그들에게 유일한 구원을 약속하는 가톨릭교회적인 요소를 전부 없애버렸기 때문이었다. 그는 성스러운 미사, 오르간 연주, 합창단, 성화, 행렬, 병자 성사마저도 없앴다. 취리히 대성당에서 츠빙글리는 교황의 면죄부 판매에 대항하여 설교했다.

"주머니 속에 찰랑이는 금화 소리가 나면, 지옥의 화염에 떨어진 영혼마저 다시 나올 수 있단 말인가?"

츠빙글리는 개혁된 종교와 지역 정치를 적극적으로 하나로 엮어나갔다. 따라서 그는 아직 가톨릭교회를 섬기고 있는 스위스 연방의 다섯 개 도시를 무력을 사용해서라도 올바른 개혁의 길로 인도해야 하는 것이 하느님의 뜻이라고 생각했다. 결국 취리히에서 그리 멀리 떨어지지 않은 카펠 마을에서 전투가 벌어졌다. 그러나 전쟁의 여신은 가톨릭교회의 손을 들어주었고 이 개혁적인 종군 목사는 죽음을 맞이했다. 그의 마지막 말은 다음과 같았다.

## "당신들은 내 육체를 죽일 수 있지만
## 내 영혼만큼은 죽일 수 없소."

그의 시신은 그다음 날 종교적 이단자를 처벌하는 전통 방식에 따라 화형에 처해졌다. 화염 속에서 불타버린 츠빙글리의 재는 바람을 타고 흩어졌다.

"

살아 있는 동안은 춤을 출 거야.
나는 춤을 추기 위해서 태어났기 때문이지.
나에게 있어 삶이란 춤이야.
숨이 멎을 때까지 춤을 추다가
지쳐 쓰러져서 죽음을 맞이하고 싶어.

"

# 툴루즈 로트레크

Henri de Toulouse-Lautrec, 1864~1901

프랑스의 후기 인상파 화가. 귀족 가문에서 태어났으나 어려서 사고로 인해 하체의 성장이 멈추었다. 1885년 몽마르트르 거리에 정착해 도시의 생활, 카바레, 창녀촌 등을 주제로 회화 작업에 몰두했다. 1891년 《파리》 지에 게재된 물랭루주 포스터를 계기로 유명세를 탔다. 대표작으로 「물 랭루주에서」, 「화장하는 여인」 등이 있다.

샤를마뉴 대제에게서 작위를 하사 받은 프랑스 백작 가문의 후손인 로트레크는 한때 이류 화 가에도 못 미치는 평을 얻었다. 귀족 가문 출신이지만 주 로 예술가들이나 가난한 이들과 어울려 지낸 로트레크, 무 려 500점이 넘는 그의 인상주의적 작품들과 3,000점의 스 케치화는 주로 파리의 유흥지인 몽마르트르나 보르델 지 역에서 탄생했다. 뛰어난 재능을 지녔던 이 화가는 그곳에 삶의 거처를 얻었으나 술과 여자를 즐기며 결국 문란한 생활로 인해 몰락의 길로 빠져들었다.

그는 어렸을 때부터 불치의 골절 질환에 시달렸으며 그의 키는 거의 자라지 않았다. 그가 태어나자마자 이혼한 그의 부모는 사촌지간이었다. 사회에서 소외된 사람들에게서 마음의 안식처를 찾아 헤매던 로트레크는 여러 여자들을 만났다. 그러나 공식적인 결혼 생활은 그에게 별 의미가 없었다. 하지만 로트레크는 파트너에게 항상 신의를 보였고 충실했다. 그리고 매번 파트너가 바뀔 때마다 어머니에게 소개했다.

33세가 되었을 때 로트레크는 알코올 중독에 의한 진전섬망증Delirium Tremens(주변 상황을 잘못 이해하며, 생각의 혼돈이나 방향 상실 등이 일어나는 정신병 —옮긴이)으로 첫 발작을 일으켰다. 그의 어머니는 아들을 보르도에 있는 말롬성으로 데려갔다. 그곳에는 사냥꾼이자 수십 년 만에 만나는 아버지가 있었다. 아버지가 약간 낯선 눈빛으로 아들을 바라보자 죽어가던 로트레크는 우스꽝스럽게 인사말을 건넸다.

"아버지, 당신이 사냥을 놓치지 않으리라는 것은
이미 알고 있었어요."

그곳에서 죽기 전, 로트레크는 사랑하는 어머니인 툴루즈
로트레크 백작 부인에게 마지막 인사를 남겼다.

"어머니, 당신밖에 없군요!
죽는다는 것은 너무나 괴로워요."

# 로미 슈나이더

Romy Schneider, 1938~1982

프랑스의 영화배우. 오슨 웰스 같은 유명 감독과 작업을 하면서 성공적
인 배우의 길로 들어섰고, 할리우드를 거쳐 프랑스에 정착하면서 20세기
의 가장 존경받는 여배우 중 한 명이 되었다. 영화 「파리의 연인」, 「심판」,
「보카치오 70」 등에 출연했다.

어느 날 밤, 잠이 오지 않아 독서 중
이던 로미 슈나이더는 책의 한 구절에 밑줄을 그었다.

"난 도대체 명성이 무엇을 의미하는 것인지, 어두운 밤이
다가온다는 것이 무엇인지 잘 모르겠어."

한때 영화계를 주름잡던 이 여왕은 어느 날 갑자기 파리로

떠났고, 그곳에서 잠시라도 마음의 안정을 누리게 해줄 안식처를 찾아 방황했다. 적포도주, 위스키, 대마초, 많은 양의 수면제와 진정제가 늘 그녀와 함께 했다. 여기에 의견을 보태듯, 그녀의 오랜 친구이자 영화배우인 장 클로드 브리알리는 "로미는 불행을 이끌고 다녔다"라고 회상했고, 이탈리아 영화배우 미셸 피콜리는 거기에 덧붙여 "그녀는 이성이나 신중함과는 거리가 먼 인물이었다"라고 주장했다.

1980년대 초, 슈나이더의 삶은 파국을 향해 질주하고 있었다. 그녀는 늘 밤을 낮 시간처럼 보냈고, 눈꺼풀은 점점 처졌으며, 다리가 부러지고 신장은 수술을 받아야 할 지경에 이르렀다. 안타깝게도 그녀의 어린 아들마저 사고로 목숨을 잃었다. 새로운 친구들도, 그녀보다 열 살이나 어린 애인조차도 우울증을 덜어주지 못했다.

그녀는 돌연히 모든 스케줄을 취소하고 모습을 감춰버렸다. 슈나이더에게 수백 만 프랑의 세금을 징수해야 하는 프랑스 재무부 직원들만이 그녀를 찾아 분주히 돌아다녔지만 성과는 없었다. 15세 때부터 성공적인 스타로 입지를 굳히고, 수백만 팬들의 사랑을 받았지만 생의 마지막 무렵 그녀의 인생과 경제, 건강은 모두 파산하고 말았다. 슈나이더는 의학적 도움도 거부했다. 삶의 마지막 날, 그녀는 친구 한 명에게 속마음을 털어놓았다.

**"커튼을 그냥 내려두고 싶을 때가 있어"**

슈나이더는 파리의 어느 한 아파트에서 사망한 채로 발견되었고, 사인은 심부전증이었다.

# 괴테의 유언에 숨겨진
# 진실과 거짓

삶의 마지막 순간, 철학자 괴테는 '의사들이 선고하는 죽음'만큼은 원하지 않았다. 그는 "내가 죽어야 한다면 나는 내 방식대로 죽기를 원한다"라고 말했다. 이 작가가 첫 번째 심장 발작을 일으켰을 때는 1823년이었다. 그러나 의사들은 이 병을 알지 못했고, 그 증상을 카타르열(감기, 인플루엔자, 기관지 폐렴, 엽폐렴을 포함하는 호흡 기관과 관련된 병)의 재발 또는 객혈에서 시작된 것이라고 진단했다. 1832년 3월, 두 번째 발작을 일으키자 그의 주치의는 "무시무시한 두려움과 불안"이 그 원인이라고 했다.

그의 얼굴은 날이 갈수록 초췌해졌으며 안색은 잿빛이 되었다. 그의 몸은 점점 얼음장처럼 차가워진 반면에 맥박은 빠르고 강하게 요동쳤다. 이렇게 고통스러운 시기를 겪다 보니 인생의 가장 좋은 친구라고 생각했던 술조차도 죽어가는 괴테에게 어떠한 도움도 되지 못했다.

괴테는 사는 동안 매일 2리터의 와인을 마셨고 그것이 그를 행복하게 만들어주는 적당량이었다. 그는 인생의 마지막 날 아침, 성실한 하인 프리드리히 크라우제에게 "내 건강을 해친다고 해서 설마 와인에 설탕을 넣은 것은 아니겠지?"라고 묻기까지 했다. 간병인은 괴테를 침대 옆에 있는 녹색 의자에 앉혔다. 이 위대한 작가에게는 마지막 순간을 위한 편안한 등받이 소파 같은 안식처마저도 제공되지 않았던 것이다.

간혹 그의 집에 찾아오는 방문객이 더러 있기는 했으나 하인 크라우제만이 괴테 곁을 항상 지켰다. 이 위대한 거인의 마지막 말은 다음과 같았다.

"더 많은 빛을."

이후 이 말은 날개 달린 듯 전 세계인들에게 널리

퍼졌지만 당시 크라우제는 그의 말을 자세히 듣지 못했다. 여하튼 괴테의 유언은 아이러니하게도 임종 때 곁에 있지 못했던 두 친구를 통하여 세상에 알려지게 되었다. 그렇기 때문에 전해져 오는 그의 유언은 사실과 조금 다를 수 있다. 예를 들어 "더 많은 빛이 들어오도록 창문을 열게!"일 수도 있다. 훗날 비평가들은 괴테가 평생 동안 사용했던 헤센 방언으로 (그는 프랑크푸르트 암 마인 출신이다) 미루어 보건대, 아마도 이렇게 말하고자 했을 것이라고 주장했다.

"여기에 좀 더 많은 빛을, 너무 어둡구나."

한편 며느리 오틸리에 폰 괴테는 자신의 시아버지가 아예 다른 버전의 유언을 남겼다고 주장했다. 그리고 그녀는 괴테가 숨이 멎을 때까지 그의 곁을 지켰으며, 당시 괴테는 자신에게 마지막 발언을 남겼다고 전했다.

"이리 오너라. 그리고 나에게 너의 사랑스러운 손을 다오."

나아가 그녀의 이야기에 따르면 괴테는 죽기 전 마지막으로 다음과 같이 소원했다.

"마지막 숨을 뱉을 때까지 강한 정신력을 잃지 않고 사랑스러울 수 있기를."

그렇게 이 거장은 삶과 작별을 했고, 그다음 날 주간지를 통해 죽음이 알려졌다. 그러나 이는 모두 사실이 아니다.

괴테의 하인인 프리드리히 크라우제는 괴테의 죽음 후 알아보기 힘든 필체로 실제로 그날 어떤 일이 있었는지를 기록해놓았다. 그러나 이 사실은 1928년까지 거의 100년 동안 숨겨져 왔다. 그 이유는 그가 기록한 사실이 거장인 괴테의 신화에 어울리지 않기 때문이었다. 프리드리히 크라우제는 그의 주인의 마지막 유언과 소원에 대해 다음과 같이 적고 있다.

"그는 나에게 요강을 가져다줄 것을 부탁했다. 그
리고 그것을 받아서 죽음을 맞이하는 순간까지 꼭
붙들고 있었다."

## 4장

# 죽음보다 더 확실한
# 삶의 철학은 없다

# 테레사 수녀

Theresa of Calcutta, 1910~1997

알바니아계 인도 국적의 수녀. 1928년에 로레토 수녀원에 들어간 뒤 인도 콜카타의 빈민가에 살면서 평생을 가난하고 병든 사람을 위해 봉사했다. 사랑의 선교 수녀회와 사랑의 선교 수사회를 설립했으며, 1979년에 노벨 평화상을 받았다.

그 무엇도 가슴과 등의 끔찍한 통증을 줄여주지 못했기에 테레사 수녀는 생을 마감하던 해에 자신의 육체에서 마귀를 내쫓는 기도를 올렸다. 콜카타의 추기경은 그 기도를 허락하고, 그 방면에 경험이 있는 한 신부로 하여금 악령을 내쫓게 했다.

"떠나거라, 불순한 영혼이여. 그리고 신성한 영혼에게 그곳을 내주어라!"

신부는 괴상하고 시끄러운 소리와 춤으로 악령을 그녀의
몸에서 쫓아내려 했다. 사랑의 선교 수사회의 수도원에서
는 어딘가 다른 치료(입김을 불어넣기, 내뱉기, 정화하기, 기름을 바
르기)가 시행되고 있었다.

마더 테레사는 기도를 받은 후에 나아지는 것 같아 보였
다. 그러나 그녀가 즐겨 행하던 구호 여행은 더 이상 할 수
없었다. 가난한 이들과 2,003회나 교류했지만 '빈민의 어
머니'라 불리는 테레사 수녀에게는 아직도 할 일이 많이 남
아 있었다. 그녀가 창시한 수도회는 122개 나라에 그 분회
를 두고 있으며, 총 3,600명의 수녀들과 신부들로 구성되
었다. 테레사 수녀는 지난 수 세기 동안 성공적으로 새로
운 교회를 창시했다.

"도대체 뭘까? 예수님은 나한테서 뭘 원하시는 걸까?"

아그네스 곤자 보야지우Agnes Gonxha Bojaxhiu(테레사 수녀의 본
명)는 임종하던 그날 아침, 무력하게 자신의 자매들에게 질

문했다. 수녀는 눈물을 흘리며 침대에서 일어나 기도를 했다. 호흡 곤란과 심장의 통증 그리고 열이 그녀를 괴롭혔지만 점차 나아질 것이라고 스스로 믿었다. 과거에 그녀가 돌보던 많은 환자들에게 의학적으로 설명되지 않는 그러한 기적이 일어났기 때문이었다.

그날 저녁, 갑자기 정전이 일어났다. 인도에서는 흔히 일어나는 일이었다. 그녀의 침대 주변에 놓인 초들만이 불을 밝히고 있었다. 그러던 어느 순간 마더 테레사는 조용히 속삭였고 영원히 숨이 멈췄다.

**"주님, 당신을 사랑합니다."**

# 플라톤

Platon, B.C. 427~B.C. 347

고대 그리스의 철학자. 청년 시절 소크라테스를 스승으로 삼아 많은 영
향을 받았다. 서양 관념론적인 이상론의 시조, 영원불변의 개념인 이데
아Idea를 통해 존재의 근원을 밝히고자 했으며, 철학자가 통치하는 이상
국가를 주장했다. 이후 아카데미아 학원을 건립하고 제자 양성에 전력했
다. 쓴 책으로 『소크라테스의 변명』, 『파이돈』, 『국가론』 등이 있다.

플라톤은 스승 소크라테스가 세상
을 떠난 지 15년이 지난 후에 아테네에 학당 아카데미아를
설립했다. 입구에는 "기하학의 문외한은 이곳에 들어올 수
없다"라는 글귀가 새겨졌다. 플라톤의 취미가 수학과 천문
학이었기 때문이다.

플라톤은 이상주의자였으며, 미와 명예로운 선을 추구했
고 또 영혼의 불멸성을 믿었다. 더불어 그는 "인간은 교육

을 통해 진정한 인간이 된다"라고 생각했다. 또한 그가 국가에 대해 가진 견해로는, 바로 철학자가 국가의 지도자가 되어야 한다는 것이었다. 이런 견해 때문에 플라톤의 가르침은 2,000년이 지난 지금까지도 세계의 모든 철학 교수들로부터 끊임없는 애정을 받아왔다.

스승 소크라테스의 잔혹한 최후를 목격한 플라톤은 고향의 통치 체제에 대해서 언급하는 데 신중한 태도를 취했다. 그 덕택에 80세까지 살았으며, 어느 결혼식 축제에 참석한 뒤 평온하게 눈을 감았다. 그는 매우 침착하게 자신의 죽음을 예견했다.

> "어느 누구도 죽음이 무엇인지 모른다.
> 죽음이 인간에게 있어 그 어떠한 것보다
> 위대한 것이 아닌지 또한 알 수 없다.
> 하지만 인간은 죽음이 가장 거대한 죄악이라는 것을
> 잘 알고 있는 것처럼 죽음을 두려워한다."

# 프란츠 카프카

Franz Kafka, 1883~1924

독일의 작가. 인간 존재의 부조리성을 초현실주의 수법으로 날카롭게 파헤치고 통찰하여 실존주의 문학의 선구자로 높이 평가받는다. 프라하에서 유대계 상인의 아들로 태어났고, 프라하대학에서 법률학을 공부한 후 보험회사에 근무하면서 글을 썼다. 병약하고 내향적이었던 그는 출세나 결혼 등이 주는 중압감에 쫓기며 글을 썼다. 쓴 작품으로 「변신」, 「심판」, 「성」 등이 있다.

　　　　　　　　　　　카프카는 20세기의 가장 중요한 독일어권 작가 중 한 명이다. 그러나 살아 있는 동안에는 거의 주목을 받지 못했으며, 개인적으로 많은 어려움을 겪었다. 카프카는 자신에게 주어진 문학적 능력을 발휘하면서도 노동자 재해보험국의 직원으로 근무했다. 근무 시간 외의 자유 시간은 모두 집필 활동을 위해 사용했다.

그의 작품 중 「심판」, 「소송」, 「배고픈 예술가」, 「유형지에서」등은 제목만 봐도 우울한 지성인의 내면과 세계관을 엿볼 수 있다. 평소 병약하던 카프카는 1917년에 폐결핵에 걸리게 되었다. 심한 객혈은 그의 병을 의심할 여지가 없는 수준이었다. 그 시대의 환자들처럼 그도 기후 좋은 곳의 온천과 요양원 그리고 병원을 찾아 끝없는 방랑을 시작했다.

1924년, 미혼이었던 카프카는 독일 빈 근처에 있는 요양원으로 향했다. 그는 수차례의 약혼과 파혼을 반복한 상태였지만 요양원으로 갈 때는 애인과 의사 친구가 동행했다. 그러나 그때는 이미 결핵이 후두에까지 퍼진 상태였기 때문에 거의 말을 할 수 없었고, 단지 속삭이기만 할 뿐이었다. 또한 고열에 시달리면서도 친구들에게 병을 전염시킬까 두려워 자신에게 다가오지 말라고 충고했다.

시간이 흐를수록 요양원에서 그의 상태는 고통을 참을 수 없을 정도로 악화되었다. 카프카는 친구에게 모르핀 주사인 판토폰을 놔줄 것을 부탁했다.

> **"자네는 항상 내게 약속했지.**
> **그러니 내 목숨을 끊어주게.**

그렇지 않으면 자네는 살인자가 될 거야.”

카프카가 애원했다.

“그냥 떠나지 마.”

그에 대한 친구의 대답은 “난 그냥 떠나지 않을 거야”였다. 이어 카프카가 작은 목소리로 속삭였고 눈을 감았다. 그렇게 그의 심장은 움직임을 멈추었다.

“그러나 난 떠나는구나.”

# 프리드리히 니체

Friedrich Nietzsche, 1844~1900

독일의 철학자·시인. 키르케고르와 함께 실존주의의 선구자로 지칭된다. 목사의 아들로 태어나 어릴 때부터 신학에 능통했지만 본대학에 입학한 후 성서에 대해 비판적 시각을 갖게 되면서 신학 공부를 포기하고 고전문헌학을 전공했다. 1869년, 25세의 젊은 나이에 스위스 바젤대학의 교수가 되었으나 1889년부터 정신 이상 증세를 보이기 시작하면서 입원과 퇴원을 반복했다. 쓴 책으로 『차라투스트라는 이렇게 말했다』 등이 있다.

철학자 니체가 고안한 '초인超人'이라는 개념은 '군주적 인간'이 갖추어야 할 교양이다. 초인은 강해야 하며, 도덕적으로 생각해야 하고, 고정된 가치관을 버리고 행동해야 한다. 또한 어떠한 신에 의존하는 것이 아니라 자신을 믿고 스스로 실천해야 한다. 또 "권력에 대한 의지"를 가지고 임해야 한다. 무엇보다 초인은 스스로 발전할 수 있어야만 하고 또한 해야만 하는데, 그렇지 않고서는 모든 인류가 파멸할 것이기 때문이다.

그러나 목사의 아들인 니체는 자신이 정의한 군주적 인간과는 정반대의 인물이었다. 그는 35년 동안 그를 괴롭히던 지독한 두통과 갈수록 약해지는 시력으로 인하여 직장에서 퇴직할 수밖에 없었다. 그러나 병세는 호전되지 못한 채 상황을 더욱 더 악화시켰다.

니체는 쾌적한 기후를 찾아 스위스와 이탈리아의 여러 곳을 여행했다. 그 사이에 끊임없이 편지와 명언, 책을 써내려갔다. 그중 가장 잘 알려진 것은 『권력에의 의지』와 『반시대적 고찰』이다. 이 책들을 통해 니체는 살아 있는 동안에 이미 명성을 쌓았다. 그러나 니체는 그러한 명성을 오랫동안 실감하지 못했다. 그는 어린 학생 시절 때부터 성병인 매독에 감염되었고, 30년간 뇌연화증이라 불리는 '진행성 마비'에 시달렸다.

언어와 음악에 뛰어난 재능을 보이기도 했던 니체는 25년간 바젤대학의 교수로 있었지만 '과대망상적 조병'을 보였다. 당시 그런 정신병을 치료할 수 있는 방법은 안타깝게도 존재하지 않았다. 처음엔 가벼운 증상으로 시작했지만 1888년에서 1889년 사이, 병은 급속도로 심각해졌다. 얼마 지나지 않아 이 위대한 철학자는 완전히 미쳐버렸다. 이탈리아 알베르토 광장에서 그는 눈물을 흘리며 합승 마차의 말을 끌어안았다.

"너야말로 나의 가장 소중한 친구로구나. 저들이 너에게 무슨 짓을 한 게냐?"

결국 미쳐버린 그는 세계의 권력을 장악하겠다는 마음을 먹었다. 그의 계획은 황제 빌헬름 2세를 폐위시키고, 모든 반 유대인들을 추방하는 것이었다. 니체는 편지의 끝에 '카이사르', '디오니소스' 또는 '십자가에 달린 이'로 서명을 했다. 그는 오랫동안 망각 상태에서 빠져나오지 못했으며, 생의 마지막 시간은 정신이 나간 채로 바이마르에 살고 있는 여동생 엘리자베스의 보호 아래 보냈다. 니체는 여동생만이 임종을 지켜보는 가운데 쓸쓸하게 눈을 감았다. 지금까지 여전히 위대하고 여전히 난해한 철학자는 생애의 마지막 밤에 단 한 마디만을 읊조렸다.

**"엘리자베스."**

"친구들이여, 박수를 치게나.
드디어 이 희극이 막을 내리지 않나."

# 마리아 몬테소리

Maria Montessori, 1870~1952

이탈리아의 교육학자. 1907년에 3~6세의 노동자 자녀들을 위한 유치원 '어린이의 집Casa dei Bambini'을 열어 이른바 몬테소리식 교육을 실시했다. 아동의 자발성과 자유를 존중하고, 감각 기관을 훈련하기 위해 놀이 기구 사용을 중요시 여기며 교육 환경을 정비하는 등 여러 교육법을 창안함으로써 유아 교육의 개혁에 공헌했다.

　　　　　　네덜란드에 자리한 몬테소리의 묘석에는 그녀가 전 세계를 다니며 펼친 뜻이 새겨져 있다.

"친애하는 모든 어린이들이 인류와 세계의 평화를 위하여 하나가 되어 함께 노력할 수 있기를 기원합니다."

다행히도 그런 그녀의 의도는 후세의 많은 사람들에게 전달되었다. 그녀의 교육 이념은 국경과 인종을 넘어 모든 지역과 각 사회 계층에서 실행되었다. 이른바 '몬테소리 교육'이 시작된 것이다.

몬데소리는 교육을 개혁하는 데 있어 의견이 확고했으며 긍정적인 사고방식까지 갖추고 있었다. 또한 그녀는 앞으로의 교육 방식이 변화할 것이라고 장담해왔다. 그런 몬테소리가 처음부터 교육자였던 것은 아니었다. 원래 직업은 의사였다. 그녀에게는 아들 마리오가 있었는데 안타깝게도 1898년에 사고로 그녀의 품 안에서 죽었다. 그 후 몬테소리는 여성 해방, 사회 개혁, 인류학, 교육학 그리고 철학에 이르는 다양한 분야에서 활동했다. 다른 사람들 같았으면 그 모든 일을 하다 지쳐 쓰러졌을지도 모르지만 그녀는 달랐다.

처음에 그녀는 정신과 병원의 보조 의사로 일하며 정신적으로 문제가 있는 아이들만을 돌보려고 했으나 몇 년이 지난 후, 자신이 치료하는 방식과 학습 자료들이 아이들의 집중력을 높이고 자아 개발에 도움이 된다는 사실을 깨달았다.

몬테소리는 "교육의 방식이 아니라 사람의 성품이 존중되어야 한다"라고 줄곧 주장했다. 물론 그런 학교에 아이를 보내기 위해서는 부모들이 학비를 추가로 지불해야만 했지만, 그럼에도 불구하고 전 대륙에서 몬테소리를 따르는 추종자들이 늘어났다. 이 카리스마 넘치는 교육 개혁자는 스페인과 인도, 네덜란드 등 여러 나라에서 살면서 자신의 이념에 따라 아이들을 가르쳤다. 그런 몬테소리가 북해 해안가에서 생을 마감한 것은 정말 우연과도 같은 일이었다. 그때 그녀는 영국의 식민지였던 아프리카 가나를 다음 행선지로 눈여겨보고 있었다. 81세의 노인은 그녀의 아들에게 다음과 같이 말했다.

"어쩌면 어느 날 널 여기에 두고 그리로 갈지도 몰라."

그리고 열정적으로 이어서 말했다.

**"도움을 필요로 하는 아이들이 있다면 아마 불쌍한 아프리카인들일 거야. 그러니 우리는 당연히 그곳으로 가야만 해"**

그러나 그녀는 그러지 못했다. 말을 마치고 5분 후에 평온
히 그리고 영원토록 깊은 잠에 빠져들었기 때문이다.

# 아서 쇼펜하우어

Arthur Schopenhauer, 1788~1860

독일의 철학자이자 염세적 사상의 대표자. 베를린대학을 졸업한 후 모교의 강사가 되었으나, 철학자 헤겔에 맞서 강좌를 개설했다가 처참하게 실패하여 교수직을 포기했다. 그 후 연구와 집필에 몰두한 채 28년 동안 프랑크푸르트에서 은둔 생활을 했다. 헤겔을 중심으로 한 독일 관념론이 맹위를 떨치던 시기에 이에 맞서 의지의 철학을 주창한 철학자로 널리 알려져 있다. 쓴 책으로『의지와 표상으로서의 세계』등이 있다.

아서 쇼펜하우어는 살아가는 내내 심각한 비관론자였다. 1810년, 22세였던 쇼펜하우어는 다음과 같이 말했다.

"삶이란 쓰레기 같은 것이다. 나는 무엇보다 그것을 견뎌내고 고찰하고자 노력했다."

쇼펜하우어는 아버지의 뒤를 이어 상인이 되어야만 했으나 그는 대학 교수가 되기 위해 무던히 노력했다. 당시 그가 출간한 주요 작품인 『의지와 표상으로서의 세계』는 전혀 팔리지 않았고, 그의 수업은 강의를 듣는 학생이 부족해 폐강되었다. 나아가 그의 태도도 문제가 되었다. 쇼펜하우어는 모든 말과 행동이 비관적이기도 했지만, 평소 지식을 뽐내는 듯한 언행으로 항상 그의 동료들로부터 따돌림을 당했다.

때로는 누군가가 자신을 뒤쫓고 있다는 망상에 시달리기도 했다. 끝까지 그는 본인만의 이상한 괴벽을 고치지 않았기 때문에 고령의 나이가 되어서야 사람들로부터 인정받을 수 있었다. 뒤늦게 명성을 얻게 된 쇼펜하우어는 삶과 이별을 해야만 하는 순간이 너무 힘겨웠다. 그는 죽음이란 "절대적인 무無에 도달"하는 것임을 깨달아야만 행복한 행위가 될 수 있다고 자신의 심장병과 질식 발작 치료를 하던 주치의에게 말했다.

물론 그의 죽음은 안타깝게도 그러지 못했다. 그러나 최소한 이 철학자는 마지막 말을 통해 스스로는 만족하고 있음을 보여주었다.

"죽음은 그것이 원하는 대로 진행되고 있다. 하지만 나는 순수한 정신과 지성만큼은 지니고 있다."

쇼펜하우어는 자신의 죽음을 확실히 하고자 사망한 뒤 5일이 지나서야 땅에 묻을 것을 부탁했다. 당시에 이는 매우 긴 시간이었으나 쇼펜하우어는 그렇게 함으로써 가사 상태로 땅에 묻히는 일은 없을 것이라고 생각했다. 또한 '참나무로 만든 튼튼한 관'을 주문하고, 영원한 시간 동안 안치될 수 있는 장소를 찾았다.

**"중요한 것은 그들이 나를
발견할 수 있어야 한다는 거야!"**

# 게오르크 헤겔

Georg Wilhelm Friedrich Hegel, 1770~1831

독일의 철학자. 관념론을 완성한 것으로도 평가받는다. 튀빙겐대학에서 철학과 신학을 공부하고 예나대학에서 강의를 하다가 셸링과 공동으로 《철학 비판 잡지》를 출간했다. 그 후 뉘른베르크 김나지움의 교장, 하이델베르크대학 교수 등을 거쳐 1818년, 베를린대학 철학과 교수가 되어 제자들에 의해 헤겔학파가 형성되었다. 쓴 책으로 『정신현상학』, 『법철학 강요』 등이 있다.

이상주의 철학자로서 헤겔은 전 생애 동안 도덕, 윤리, 사유 재산 그리고 국가에 대해서 깊이 고찰했다. 그러나 그 고찰로부터 얻은 결론은 보통 사람은 이해할 수 없는 매우 복잡한 학문 체계였다. 그 안에는 주관적이며, 객관적이고 그리고 절대적인 정신이 자리 잡고 있었다. 그의 이론에 따르면 모든 것이 변증법에 의해 돌아가며 또한 국가는 온건한 인간 삶의 성취를 위하여 자유를 구현하는 실행자로서 그 임무를 수행해야 한다.

헤겔은 18세 이후로 집필 활동을 멈추지 않고 꾸준이 이어갔는데, 그가 쓴 모든 책들과 이론은 복잡하고 다중적인 의미를 내포했다. 그는 독일 슈투트가르트와 튀빙겐에서 활동하면서 사람들의 주목을 받았다. 그중에는 지식욕이 넘치는 높은 계급층도 있었다. 하지막 시간이 흘러 헤겔 또한 병상에 눕게 되자 그는 체념 섞인 마지막 결론을 내리게 되었다.

"고작 단 한 명만이 나를 이해했다."

잠시 숙고한 뒤 그는 자신의 말을 정정했다.

"하지만 그 역시 나를 제대로 이해하지 못했다."

그는 자신을 이해한 (또는 이해하지 못한) 유일한 동료가 누구였는지는 밝히지 않았는데, "모든 교수들의 교수"인 그는 끝까지 그것을 말하지 않은 채 무덤까지 갖고 갔다. 그리하여 그 사람은 아직까지 수수께끼로 남아 있다.

다행히 그는 지위가 높은 계급층이 배려해준 덕분에, 콜레라로 죽은 시체가 득실한 운반차에 실려 전염병자들이 묻히던 묘지로 이송되는 신세를 면할 수 있었다. 그 대신 도로테아 시립 묘지에 묻힌 철학자 고틀리프 피히테의 옆자리에 영원한 안식처를 마련할 수 있었다. 피히테는 그의 동료로, 헤겔보다 앞서 '본래의 동기'와 '창조적인 자아'에 대해 고찰하며 베를린에서 교직 생활을 했다.

한편 1423년에는 국가에서 콜레라에 걸린 희생자들을 강압적으로 격리하던 시기였다. 이 전염병은 최후에 청색증 증상을 보이기 때문에 '푸른 죽음'이라고 불렸다. 헤겔의 경우에도 피부가 푸른색을 띠었고, 점막이 떨어져 나왔으며 얼굴이 매우 창백했다. 그를 진찰했던 두 의사는 그의 병을 '콜레라 시카', 다시 말해 "응집성 콜레라로, 외관상 덜 끔찍한 형태"를 보인다고 진단했다. 그러나 그것은 오진이었다.

실제로 헤겔은 복강 내에서 위가 파열되기나 장 궤양을 앓았을 것으로 추측되며, 그로 인해 복막염이 발생했을 것이라고 전해진다. 오진으로 인해 그는 수년 동안 고통받다가 마지막 3개월은 병상에서 보내야만 했다.

또한 생의 마지막 이틀 동안은 새로 발병한 합병증으로 심한 고통을 받았고, 결국 그것이 그의 목숨을 앗아갔다. 삶의 마지막 밤을 지내고 난 다음 날 아침, 엄청난 고통이 잠간 잦아들자 그는 21년을 함께 보낸 아내에게 속삭였다.

> **"하느님은 오늘 밤 내가 평온한 시간을
> 누리기를 바라셨을 거라오."**

# 나폴레옹 1세

Napoleon I, 1769~1821

프랑스의 군인·황제. 코르시카 섬의 하급 귀족 가문에서 태어났고 이후 프랑스의 군인이 되어 1799년에 500인회를 해산시키고 제1통령이 되었다. 이후 황제에 즉위하여 제일 제정을 수립하고 유럽 대륙을 정복했다. 그러나 트라팔가 해전에서 영국 해군에 격파당하고 러시아 원정에도 실패하여 퇴위했다. 이후 엘바섬에 유배되었다가 탈출했으나, 이른바 백일천하를 실현하고 다시 세인트헬레나섬에 유배되었으며 그곳에서 사망했다.

나폴레옹은 지금까지도 프랑스인들의 황제로 손꼽히고, 철학자 헤겔에 의하면 "말을 탄 시대의 정신", "이 시대 최고의 영웅"으로 평가받으며, 한때는 가장 강력한 사람이었다. 그러나 그러한 나폴레옹도 이겨내지 못하는 사람들이 있었으니, 바로 의사들이었다. 나폴레옹은 영국령의 작은 섬 세인트헬레나에서 유형지 생활을 할 때 "의학이란 매우 불확실한 규칙들의 집합"이며

"그 효능이 유용함보다 해로움이 많다"라고 생각했다.

그래서 나폴레옹은 주치의에게 치료를 받기보다 염화암모늄, 황 그리고 발포고약 등을 사용하곤 했다. 전쟁 중 나폴레옹은 포로가 되었고, 이때 영국군의 의사는 나폴레옹이 앓고 있는 간 질환 치료제로 기나나무의 속껍질을 말린 기나피나 구토제, 관장제를 사용했다.

"이러다 예정된 시간보다 일찍 죽겠어."

임종 며칠 전, 51세의 나폴레옹은 무력하게 속삭였다.

"나는 영국의 과두 정치와 그들이 고용한 살인자들에게 죽임을 당하는 거야."

그는 세인트헬레나섬의 총독인 허드슨 로웨 경을 사형집행인으로 생각했다. 그러나 지난 2세기 동안 주장되어 온 것처럼 최소한 로웨 경은 나폴레옹을 무취, 무미한 비소로 음독시키지는 않았다. 이 위대한 프랑스인은 (하지만 키는 168센티미터로 작은) 열대성 전염병인 아메바적리(적리아메바의 감염에 의하여 일어나는 이질 —옮긴이)에 의해 사망한 것으로 추측된다. 당시 이 전염병의 치료법은 존재하지 않았다.

시간이 흐를수록 점점 말라 가고 안색이 누렇게 뜬 나폴레옹이 1821년 5월 5일, 고국에서 멀리 떨어진 작은 섬에서 정신 착란 상태에 빠지자 그를 돌보던 영국인 간병인들과 의사들이 그 주위를 둘러쌌다. 나폴레옹은 침상에서 죽음을 맞았다. 그러한 죽음은 평소 그가 경멸해오던 삶의 마지막 모습이었다.

나폴레옹이 마지막으로 남긴 말은 그의 삶에 가장 많은 영향을 끼친 것들이었다.

## "… 프랑스… 군대… 선봉… 조제핀."

# 슈테판 츠바이크

Stefan Zweig, 1881~1942

독일의 시인·소설가. 20세 되던 해인 1901년, 시집『은의 현』으로 문단에
데뷔했다. 약 3년 뒤, 잘츠부르크에 정착했지만 나치에 쫓겨 망명하여 영
국으로 이주했다가 브라질로 갔다. 쓴 책으로『마리 앙투아네트』,『감정
의 혼란』등이 있다.

　　　　　　츠바이크는 오스트리아 빈에서 작
물 공장의 대표인 아버지와 유대계 은행 가문 출신의 어머
니 사이에서 태어났다.

지금도 전 세계적으로 많은 독자들의 사랑을 받고 있는 작
가 츠바이크는 나치를 피해 부인과 함께 브라질로 망명했
다. 그러나 브라질의 도시 리우데자네이루에서 자살을 선
택했다. 권위주의, 나치 등 불안정한 세상이 그의 우울증

을 더 심하게 만들었고, 츠바이크는 자포자기한 심정으로
부인과 함께 수면제를 과다 복용하여 집에서 함께 손을 잡
고 죽은 채로 발견되었다. 이때 그는 생의 마지막 작품인
『발자크』를 미처 완성하지 못한 상태였다. 유언장에는 그
의 마지막 소원이 기록되어 있었다.

"나의 모든 친구들이 길고 긴 밤 뒤에
찾아오는 붉은 해를 볼 수 있기를.
그러나 무엇보다 참을성 없는
나는 그들보다 먼저 떠난다네"

# 하인리히 하이네

Heinrich Heine, 1797~1856

독일의 시인. 초기에는 낭만주의와 고전주의의 전통을 잇는 서정 시인의 모습을, 후기에는 특유의 풍자와 위트로 사회 현실을 비판하는 참여 시인으로서의 모습을 보여주었다. 그는 사상의 자유를 외치던 '청년 독일파'의 지도자로서 독일 제국주의에 대항하기도 했다.

"나는 앙상하고, 외눈박이 식인종 같다"라고 시인 하이네는 죽기 10년 전에 스스로를 그렇게 묘사했다. "보기 흉할 정도로 마르고, 다리와 발은 이미 마비됐으며, 턱뼈 또한 점점 마비되고 있다." 그러나 '보잘것없는 몸' 위에 '명석하고, 정신이 살아 있으며, 열정적인' 머리가 있었다. 뒤셀도르프 출신의 이 시인은 "쓰러질 때까지 펜을 손에서 놓지 않는다"라는 자신의 신조를 굳게 지켰다. 그런 그의 병세는 오랫동안 지속됐는데, 하이네를 죽음으로 이끈 병의 이름은 척수 결핵의 잠행성 매독이었다. 그 시절 매독은 매우 널리 퍼진 성병으로, 하이네 또한 본, 괴팅겐, 베를린에서 보낸 대학 시절 동안 매독에 감염된 것으로 추측된다.

결핵은 파리로 피신한 하이네를 '불쌍한 나사로(성경에 나오는 인물로 죽음을 맞이함)'로 만들었다. 참을 수 없는 고통과 경련이 그를 괴롭혔으며, 생의 마지막 8년 동안은 5개의 매트리스가 쌓여있는 '침대 무덤'에 누워서 보내야 했다. 튼튼한 하인이 그를 업고 밖으로 나서야만 신선한 바람을 쐴 수 있었고, 눈꺼풀에 마비까지 와서 이를 손가락으로 걷어 올려야만 앞을 볼 수 있었다. 결국 하이네는 대부분의 시간을 어둠 속에서 보내야만 했다.

"오 하느님, 나를 곧 땅에 묻을 수 있게 내 고통을 줄여주소서. 당신도 아시다시피 제겐 순교자처럼 고통을 이겨낼 수 있는 능력이 없습니다."

아편도 고통을 단지 일시적으로 감소시켜줄 뿐이었다. 죽음의 그림자가 다가올수록 방문객들만이 그를 기쁘게 했고, 하이네는 그들에게 다시 찾아와 줄 것을 간절히 부탁했다. 심지어 "그렇지 않으면 당신들은 후회하게 될 것이오"라며 장난 섞인 경고를 하기도 했다.

또한 하이네는 그를 15년 동안 치성으로 돌보고, 신의를 지켜온 프랑스인 부인 마틸드를 지켜줄 것을 천사들에게 기도했다.

"나의 불쌍한 아이, 마틸드를 보호하고 감싸주세요."

부인 역시 조금은 까다로운 시인이었다. 하이네는 마지막 시간이 다가올 때까지 풍자적 모습을 잃지 않고 이렇게 말했다.

> **"하느님은 나를 용서하실 거야.**
> **그게 그분의 직업이거든."**

"나의 모든 친구들이 길고 긴 밤 뒤에
찾아오는 붉은 해를 볼 수 있기를.
그러나 무엇보다 참을성 없는
나는 그들보다 먼저 떠난다네."

# 주세페 가리발디

Giuseppe Garibaldi, 1807~1882

이탈리아의 장군·정치가. 그의 군사적 업적은 남아메리카와 유럽에 걸쳐 넓게 퍼져 있다. 남아메리카에서 리오그란데와 우루과이의 독립전쟁에 참가하여 공을 세웠고, 이후 우루과이 내전에도 참여하여 '붉은 셔츠단'이라고 알려진 이탈리아 군을 모집하기도 했다. 이를 통해 시칠리아, 나폴리 등을 점령함으로써 이탈리아의 통일에 크게 기여했다.

전투의 시작을 알리는 나팔이 울리면 쉴 줄을 모르는 가리발디는 붉은색 상의를 걸치고 검고 둥근 군모를 착용한 채 용감하게 달려갔다. 그럴 때면 그의 장발은 물론이고 붉은 수염 역시 함께 휘날렸다. 불타는 색의 머리를 가진 가리발디는 조국 이탈리아의 국민을 위해 수많은 전쟁을 치렀다. 상황에 따라서 프로이센 군대에 대항하기도 했고, 어떤 때는 프랑스와 아랍인을 상대로 전쟁을 벌이기도 했다.

오늘날 가리발디는 이탈리아 건국의 아버지로 칭송받고 있지만 한때는 사형을 선고받기도 했고, 뉴욕과 파리에서 망명 생활도 해야 했다. 때로는 가난하게 또 때로는 부유하게, 상황에 따라서 그는 의원이나 장군, 장관으로 활동했다.

가리발디는 사르데냐 왕국(지금의 이탈리아에 있는 섬) 북동쪽의 작은 섬, 카프레라에서 죽음을 맞이했다. 그는 한평생을 이탈리아를 통일하는 데 헌신했는데 다행스럽게도 그가 살아 있는 동안 이탈리아는 민족 단합을 이뤘다. 또 우루과이 내전에도 참여해 우루과이 독립에도 기여를 한 인물로 기려진다. 그의 활약은 이탈리아뿐 아니라 해외에도 널리 알려져 에이브러햄 링컨Abraham Lincoln, 빅토르 위고 Victor Marie Hugo, 찰스 디킨스Charles Dickens, 체 게바라 등 수많은 지식인과 정치 지도자들의 찬사를 받았다.

지금까지도 이 영웅은 바티칸을 제외한 이탈리아 전역에서 존경받고 있다. 왜 그런가 하면 가리발디는 세 명의 부인과 다섯 명의 자식을 두며 가톨릭교회의 윤리를 무시했기 때문이다. 가리발디가 사랑한 마지막 여인은 원래 그의 손녀를 돌보던 간호사였으나 결국 그와 결혼했다. 그녀는 이 늙은 노인을 헌신적인 사랑으로 돌보았다.

가리발디는 호흡 곤란 증세와 골격에 생긴 통증으로 카프레라섬에서 수년 동안 침대에 누워 있어야만 했다. 항상 그의 시선은 창문의 열린 틈 사이로 보이는 바다로 향했다. 1882년 6월 2일, 두 마리의 피리새가 창틀에 앉았다. 그의 부인이 그들을 쫓아내려 하자 가리발디는 작은 목소리로 속삭였다.

**"새들을 놔두시오.**
**그들은 나를 데리러 온 것이오."**

그리고 그는 눈을 감았다.

# 샤를로트 코르데

Marie-Anne Charlotte de Corday d'Armont, 1768~1793

프랑스의 혁명기. 프랑스의 3대 극작가 중 한 명인 피에르 코르네유Pierre Corneille의 자손. 프랑스에서 태어났고 13세 때 수도원에 들어갔다. 과격하게 혁명을 추진하는 자코뱅파를 싫어했으며, 이와 반대인 공화 정치를 옹호한 온건파 정당인 지롱드파를 옹호했다.

유서 깊은 귀족 가문 출신의 어린 숙녀, 샤를로트 코르데는 나이는 어렸지만 매우 정열적이고 매혹적인 여성이었다. 그러나 그녀의 삶은 짧았다. 샤를로트가 의사이자 혁명가인 장 폴 마라를 욕조에서 칼로 찔렀던 것이다.

칼에 찔린 혁명가 마라는 마지막 말을 남길 새도 없이 숨을 거뒀다. 그가 살해당한 후부터 국민복지사업위원회의 '공포 정치'가 본격적으로 개시되었다. 혁명위원회는 1794년 여름까지 파리에서만 총 1,251명을 기요틴으로 처형했다. 우선 귀족을 처형했고, 그 후에 그들의 자식들마저도 형장의 이슬로 사라지게 했다. 혁명이 이루어지는 시기였던 1789~1794년 사이에 프랑스 전역에서 약 1만 5,000명이 처형당했다.

그 당시에는 모든 처형이 공개적으로 이루어졌기 때문에 샤를로트는 감옥으로 이송되면서 끔찍한 처형 장면을 목격했고 큰 불안감에 휩싸였다.

"이전에 이런 일은 본 적이 없어.
죽은 뒤에 난 어떤 모습을 하고 있을까.
죽음은 불멸의 세계로 날 인도할 거야"

# 블라디미르 레닌

Vladimir Lenin, 1870~1924

러시아 공산당의 창설사이자 소련 최초의 국가원수. 사회민주노동당의 볼셰비키(다수파)를 만들었고, 망명 생활을 거쳐 1917년 11월 7일, 무장봉기로 과도 정부를 전복하여 이른바 프롤레타리아 독재를 표방하는 혁명 정권을 수립했다. 나아가 국제적으로 혁명을 추진하기 위해 제3인터내셔널(코민테른)을 결성했다. 쓴 책으로 『유물론과 경험비판론』, 『국가와 혁명』이 있다.

혁명가 레닌은 50년이 조금 넘는 시간 동안 아주 많은 것을 이뤄냈다. 그가 창시한 당 볼셰비키는 거대한 러시아에서 성공적으로 혁명을 일으켰으며 차르와 그 가족까지 총살했다. 또 소련의 기본 법칙을 제정함과 동시에 국제 공산당 제국을 건설했다.

그의 사상은 전 세계에 폭발적으로 퍼져나갔고, 이 작은 정치가는 수천만 명에 이르는 세계인들로부터 신처럼 칭송받았다. 그를 기리기 위해 기념비, 사진, 숫자가 새겨지지 않은 주화 등이 제작되었고, 여러 나라에서 레닌주의를 연구하는 교수들이 등장하기 시작했다.

한 인간으로서의 레닌은 매력과 겸손을 함께 갖춘 사람이었다. 성실하고 착실했으며 끈기 있게 버틸 줄도 알았다. 그는 작은 귀족 가문 출신으로 조모는 독일인이었다. 당시 독일에서는 조직적인 노동자 계급이 등장하고 있었고, 공공 위생 상태의 수준이 높아졌으며, 동시에 공교육 의무화 제도 등이 실시되고 있었다. 레닌은 그러한 인프라가 갖춰진 독일 제국을 선망했고, 살면서 베를린을 열 번 가까이 방문했다.

그가 상트페테르부르크와 모스크바를 통치하는 짧은 시간 동안 많은 정치적 충돌이 있었다. 공산당의 우두머리인 그는 러시아를 발전시키기 위해 끊임없이 노력하는 반면 자신에게 대항하는 적들은 잔인하게 숙청했다. 그 수는 수십만 명에 달했다. 그러자 1918년에 반란의 조짐이 보이기 시작했다. 같은 해에 한 여성 혁명가가 그의 암살을 시도하기도 했다. 그 외에도 주변 정치가들의 끝없는 요구, 당내 음모, 크고 작은 참사, 전염병 등으로 몇 년 뒤 레닌은 처음으로 발작 증세를 일으키며 쓰러졌다.

그는 고혈압 증세를 보였는데, 뇌혈관에서 비롯된 이 질환은 이미 오래전부터 예정된 것이었다. 독일의 저명한 의학 박사들이 그의 병세를 치료하기 위해 노력했음에도 불구하고 효과가 없었는데, 몇 달의 간격을 두고 발작 증세가 두 차례나 반복되었기 때문이다. 곁에서 간호하는 것 외에는 특별한 해결책을 찾을 수 없었다. 마지막 순간이 다가오자 반신이 마비되었고, 정치적 사건으로 인연을 끊은 후계자 스탈린에게 충격을 받아 실어증 증세마저 보였다.

러시아 크렘린에서 모든 노동자의 대표 지도자였던 그는 도시 외곽에 위치한 고르키성에서 죽음을 맞이했다. 그는 사망하기 전에 오랜 시간 동안 잠에 빠져 있었다. 때로는 며칠 동안 잠만 자기도 했다. 마지막까지 곁을 지킨 아내 나타샤 크루스프카야는 교사였는데 레닌이 1898년 시베리아로 망명을 하던 중에 결혼했다. 그녀는 죽음의 문턱에선 레닌에게 미국 소설가 잭 런던의『생명애』라는 책을 읽어주었다. 그 이야기는 죽어가는 남자와 굶주린 늑대의 싸움에 대한 것으로, 결국 남자가 이긴다는 내용이었다. 레닌은 그 이야기가 마음에 들었다.

## "잭 런던의 이야기를 더 읽어주시오."

그러나 다음에 나올 이야기는 시민적 도덕의식에 관한 것
이었다. 레닌은 피곤한 듯 손을 저으며 그 이야기를 멈추
게 했다. 그리고 다시 잠이 들었다. 다음 날 레닌은 숨져 있
었다. 모스크바에서는 그를 기리기 위해 거대하고 장려한
무덤을 만들었으며 이는 1930년에 완공되었다.

# 에밀리아노 사파타

Emiliano Zapata, 1879~1919

멕시코의 농민 운동 지도자. 멕시코의 소농으로 1911년 빈농들을 이끌고 멕시코 혁명에 참가했다. 그러나 혁명 지도자 마데로와 토지 개혁 문제로 대립했으며, 이듬해 11월 농민을 위한 토지의 재분배를 규정한 '아얄라 계획'을 발표하고, 그 뒤로 중앙정부에 대하여 무장 투쟁을 계속했다. 멕시코의 국민 영중 중 하나로 칭송된다.

거친 남아메리카인의 전형적 모습에 덥수룩한 수염을 지닌 사파타는 가난한 멕시코인들의 삶에 생명을 불어넣었다. 이 혁명 지도자는 챙이 넓은 모자를 쓰고, 항상 두 자루의 권총을 지니고 다녔다. 그는 백마를 즐겨 탔으며 스스로 말 위의 인생이 자신에게 주어진 유일한 삶의 방식이라고 생각했다.

카리스마 넘치는 이 게릴라는 거의 20년 동안 사파타 일당의 지도자로 활동하며 나라를 어지럽게 만들었다. 그들이 전투를 벌이는 목적은 '토지 개혁'이었기 때문에 사파타는 심심치 않게 거농의 소유주들과 전투를 벌였다.

개인 농지를 소유하지 못했던 그의 일당들은 모두 말을 잘 탔으며, 전투와 죽음 앞에서도 용맹을 떨쳤다. 또한 그들이 절정기에 달했을 때는 가난한 남부 멕시코의 많은 지역을 관리했다. 그러나 교회와 자본주의 그리고 미국으로부터 원조를 받은 사파타의 적군은 제대로 훈련받은 정부의 병사들이었다. 그들의 지도자는 사파타보다 좀 더 오래 살 수 있는 운명을 가진 것이었다.

마침내 사파타는 죽음에 이를 수밖에 없는 함정으로 유인되었는데, 정규 부대의 한 장교가 그에게 투항할 것을 제안했다. 그들은 트럼펫을 불며 사파타 일당을 환영했으나 사파타가 차에서 내려 문으로 걸어가는 순간, 그들은 갑자기 총을 쏘아댔다. 사파타는 그 자리에서 즉사했다.

사파타는 죽기 전 자신의 군대에게 혁명에 앞서 갖추어야 할 기본적인 자세에 대해서 이렇게 말했다.


**"노예로 사느니 차라리 전투에서 죽으리라!"**

# 고트프리트 벤

Gottfried Benn, 1886~1956

독일의 시인·의사. 히틀러 시대 이후의 **독**일에서 가장 영향력 있는 작가로, 영국의 T. S. 엘리엇과 흔히 비교된다. 시집『시체공시소』를 발표하여 반향을 일으켰고, 제2차 세계대전 종전 후 1948년에 시집『정역학적 시편』을 발표하여 세계적 명성을 얻었다.

고트프리트 벤은 두 차례에 걸친 세계대전 동안 피부병과 성병을 담당하던 병리학자이자 의사였다(훗날 수석 의사가 되었다). 그 외에도 그는 20세기 중반을 대표하는 가장 유명한 표현주의 시인 중 한 명인데, 벤의 문학 세계에 등장하는 주제는 주로 죽음, 혐오, 부패, 엘리트 등이다.

베를린 출신의 이 시인은 암이 척추로 전이됐음에도 불구하고 가능한 한 쾌적한 삶을 살기 위해 노력했다. 그러나 벤은 자신이 오래 살지 못할 것임을 예측하고 있었다. 그는 자신이 여름에 죽기를 희망했다. 이유는 그 시기에 땅이 잘 파인다고 생각했기 때문이었다. 벤은 소원대로 한여름인 7월 7일에 사망했다.

임종 자리에는 치과 의사이며 벤과 나이 차가 많이 나던 세 번째 부인이 곁을 지켰다. 이 두 사람은 함께 인생의 마지막 10년 동안 충만하고 사랑이 넘치는 시간을 보냈다. 벤에게는 어떠한 표현으로도 설명할 수 없을 정도로 소중한 시간이었다. 이 노신사의 지극한 사랑은 그가 죽은 뒤 수십 년이 흐르고 나서 젊은 부인을 통해 세상에 알려지게 되었다.

벤이 병원에서 보낸 마지막 밤은 매우 평화로웠으며 조화로웠다. 벤은 따로 작별 인사는 하지 않았고 단지 작은 손짓과 함께 마지막 말을 속삭였다.

**"고맙소."**

그리고 그는 사망했다. 위대한 시인이라는 호칭에 걸맞게

벤은 유언장과 함께 부인에게 쓴 사랑이 담긴 마지막 편지를 라틴어 구절로 남겨놓았다.

"나에게 죽음이 오는 이 순간에도 당신이 보고 싶소.
죽어가면서 내 손이 힘없이 아래로 처지는
이 순간에도 당신의 손을 잡고 싶소."
– 당신의 G.

# 안톤 체호프

Anton Chekhov, 1860~1904

러시아의 소설가. 19세기 러시아 사실주의를 대표하는 작가로 평가받는다. 모스크바대학 의학부에 입학한 뒤, 생계를 위해 필명으로 유머러스한 단편들을 쓰기 시작하다가 1888년에 발표한 「대초원」을 기점으로 과거의 희극적 소설과 결별하고 사실주의적 작품들을 남겼다. 쓴 작품으로 「결투」,「갈매기」,「귀여운 여인」이 있다.

안톤 체호프는 오랜 시간 동안 그 명성이 이어져 내려온 러시아의 극작가이자 가난한 농민들의 아낌없는 원조자였다. 게다가 그는 24살이라는 젊은 나이로 죽음을 맞이할 때까지 주위를 배려하던 사려 깊은 환자이기도 했다.

이 러시아인은 폐결핵과 출혈로 큰 고통을 받았다. 그 당시 체호프의 병을 근본적으로 치료할 수 있는 약은 개발되지 않은 상황이었다. 그리하여 체호프는 요양하기 좋은 기후를 찾아 병을 완화시키고자 했다. 겨울철에 주로 흑해와 서유럽의 요양원을 방문했고, 그의 마지막 여행은 부인 올리가 그니페르와 함께 떠난 것이 되었다. 먼저 베를린에서 의학적 조문을 구한 뒤, 고대 로마인들이 즐겨 찾던 남부 슈바르츠발트의 온천으로 향했다. 그러나 죽음에 임박한 이 작가를 도와줄 수 있는 이는 아무도 없었다.

뜨거운 6월의 어느 날 밤, 의사 슈뵈러는 고열에 시달리고 있는 체호프에게 그의 예술의 종말이 다가왔음을 알려주었다. 체호프는 에둘러 말하는 그의 말을 이해했다. "내가 죽는구나"라고 그는 독일어로 말했다. 그리고 조용히 잔에 담긴 술을 마셨다.

## "오랫동안 샴페인을 마시지 못했어"

그는 왼쪽으로 몸을 돌려 부인의 손을 잡은 채 눈을 감았다. 그리고 다시 눈을 뜨지 못했다. 그의 죽음과 함께 러시아 문학의 황금시대는 막을 내렸다.

# 마하트마 간디

Mahatma Gandhi, 1869~1948

인도의 정치가·민족 운동 지도자. 런던대학에서 법률을 배운 후 남아프리카 원주민이 자유를 얻을 수 있게 활동했고, 1915년에 귀국하여 무저항·불복종·비폭력·비협력주의에 의한 독립 운동을 지도했다. 대성大聖이라는 의미를 지닌 '마하트마'라고 불린다.

간디는 무력을 반대하는 평화주의자였지만 필요하다면 시민의 편에 서서 싸우기를 주저하지 않았다. 간디는 생의 50년 이상을 사람들을 위해 살았다. 또 영국 식민 통치자에 대항하여 자유를 위해 싸우다 여러 차례 투옥되기도 했다. 사실 그는 인도의 귀족 신분으로 태어나 영국에서 교육을 받기도 했지만 다른 어떤 것에 매혹되지 않고 '사티아그라하Satjagraha(간디에 의해 시작된 비폭력 저항 운동의 철학. '사티아'는 '진리'를 뜻한다)' 사상에 가치를 두었다.

인도의 국민들은 간디를 그의 본명(모한다스 카람찬드 간디 Mohandas Karamchand Gandhi) 대신 마하트마라는 명예로운 이름으로 불렀다. 마하트마는 산스크리트어로 "위대한 영혼의 소유자"를 뜻한다. 그는 종교의 화합을 위하여 설교했고, 『코란』에서 힌두교의 존재를 찾아냈으며, 카스트 계급의 빈곤을 해결하기 위해 노력했다. 무엇보다 매우 검소했으며 어떠한 신변 보호도 거절했다. 따라서 그를 처치하려던 반대자들에게 간디를 암살하는 일이란 매우 쉬운 게임에 불과했다.

한번은 간디가 약 500명이 모인 예배 장소에서 기도를 시작하려던 순간, 그에게서 60센티미터 정도 떨어져 있던 괴한으로부터 3발의 총탄 세례를 받았다. 작지만 굉장한 영향력을 행사하는 위인이었던 그의 마지막 말은 짧았다. 그러나 그의 삶을 증명하는 모든 것이었다.

### "오, 신이시여!"

# 삶이 그대를 속일지라도,
## 러시아의 위대한 작가들

19세기 동쪽의 대제국에서는 위인들의 죽음이 끊이지 않았는데, 그들은 바로 러시아의 국민 문학가들이다. 당시 러시아가 차르의 지배에 의해 억압받는 나라였음에도 불구하고 러시아 작가들의 작품은 국민들에게 많은 사랑을 받았고, 그들은 명예와 함께 세계적인 명성을 얻었다. 작가들의 출신은 농노에서부터 봉건 귀족에 이르기까지 다양한 계층에 분포돼 있었다.

많은 작가들 중 특히 뛰어난 다섯 명의 작가들이 세계적인 문화유산을 남겼다. 죽음과의 사투와 그 운명에 대해 통찰한 알렉산더 푸시킨(대표작 「삶이 그대를 속일지라도」)은 불행히도 젊은 나이에 요절했다. 그리고 러시아의 불평등에 대해 폭로하고 소시민의 권리를 되찾기 위해 심혈을 기울인 소설가 니콜라이 고골(대표작 「외투」, 「검찰관」)이 그 뒤를 따랐다. 고골은 41세의 나이에 단식으로 죽음을 맞이했다.

작가 표도르 도스토옙스키는 차르의 은혜 덕분에 천만다행으로 사형대의 밧줄에서 목숨을 구제받은 뒤, 현실과 상상의 영역을 넘나들며 그의 삶을 지속했다.

그 후에는 러시아의 명문 귀족 가문에서 태어나 아직까지도 그 빛을 발하는 명작을 남긴 레프 톨스토이 백작이 작가로서 활동했다. 톨스토이는 그가 죽고 난 뒤, 러시아에는 더 이상 재능 있는 작가가 나타나지 않는다는 평을 들을 정도로 보기 드문 문학적 천재였다.

끝으로 위대한 작가의 반열에 오른 인물은 의사이자 극작가인 안톤 체호프이다. 그는 결핵에 걸려 젊은 나이에 사망했다.

## 5장

그대 이제 자연의 하나로
영원히 남기를

# 토머스 에디슨

Thomas Edison, 1847~1931

미국의 발명가. 어릴 때부터 공교육에 적응하지 못하여 주로 어머니로부터 교육을 받았다. 1869년까지 전신수로 일하다가 패러데이의 『전기의 실험적 연구』라는 책을 읽고 감명을 받아 그 책에 나오는 실험을 연구하다 전기 투표 기록기를 발명하여 최초의 특허를 받았다. 그 후 1877년에 축음기, 1879년에 백열전등, 1891년에 영화 촬영기·영사기, 1900~1910년에 에디슨 축전기 등을 계속 발명했다.

발명왕 에디슨은 전 인류에게 전구, 전력 공급기, 영사기, 송화기 그리고 콘크리트로 지어진 집과 같은 위대한 발명품들을 선사했다. 이 미국인은 평생 동안 1,500개가 넘는 특허를 얻어냈으며, 이 기록은 그 전에도 그리고 그 후에도 깨지지 않고 있다.

더 놀라운 것은 이런 에디슨이 정규 교육을 받은 시기가 인생에서 단 3개월밖에 되지 않는다는 사실이다. 어린 시절 그의 선생님이 에디슨의 어머니에게 "아이가 정상적이지 못하다"라는 말을 했고, 그의 어머니는 스스로 아들의 교육을 맡을 수밖에 없었다. 당시 미국의 오하이오주에서는 홈스쿨링이 허용됐기 때문에 가능했던 일이었다. 바보로 놀림을 받았던 에디슨은 차츰 천재적인 면모를 나타내기 시작했다.

15세 때 그는 신문《위클리 헤럴드》를 집필하고 인쇄하여 배포하기 시작했다. 에디슨은 영리하게도 기차 안에서 신문을 배포했는데 그곳에는 경쟁자들이 없기 때문이었다. 또한 에디슨은 돈을 버는 재능이 있었던 만큼 지출하는 데도 대범한 모습을 보였다. 그가 발명가로서 첫걸음을 내딛던 당시, 뉴욕 멘로공원에 개인 연구실을 열고 최대 90명의 연구원들에게 일자리와 먹을 것을 제공했다. 그 시절에는 그런 류의 일로 정부 보조금을 받는 것은 상상조차 할 수 없었다. 따라서 그는 자신의 모든 돈을 투자해 연구소를 설립했다.

에디슨은 하루에 12~16시간을 일을 하고, 계산하고 또 설계했다. 그의 수많은 발명품 중에서 축음기 등은 세계적인 성공을 거두었지만 이 발명가는 대중적인 명예를 좇지는 않았다. 또한 다른 발명가들이 즐겨 하는 것처럼 경마나 도박에 수입을 쏟아붓지도 않았고, 담배를 피거나 술을 즐기지도 않았다. 에디슨과 그의 부인은 음주를 반대하는 '금주회 회원'이었다. 그래서인지 에디슨의 건강은 고령이 될 때까지도 아무런 문제가 없었다. 그렇게 80년이라는 세월을 보내고 난 뒤에서야 에디슨은 멘로공원에 있는 자신의 연구실에서 일의 고삐를 늦추었다.

삶의 최후의 순간이 다가오던 때, 성직자가 에디슨을 방문하여 "다음 생애에 대해 생각해본 적이 있는지" 물었다. 그는 다음과 같이 대답했다.

"그건 항상 같아요. 아무도 모른다는 거죠."

고령으로 인하여 침대에 누워 지내는 시간이 길어지고, 시력과 청각이 나빠지자 지칠 줄 모르던 이 발명가는 공상으로 시간을 보내기 시작했다. 그의 부인이 "힘들지 않아요?"라고 묻자 이렇게 대답했다.

"아니오, 나는 단지 기다릴 뿐이오."

이 위대한 미국인은 영원한 잠에 빠져들기 직전에 머리를
창가로 돌리며 속삭였다.

**"저곳은 참으로 멋진 곳 같소."**

# 소크라테스

Socrates, B.C. 469~B.C. 399

고대 그리스의 철학자. 문답을 통하여 상대의 무지를 깨닫게 하고, 시민의 도덕의식을 개혁하기 위해 힘썼다. 그러나 기원전 399년, 신성 모독죄와 젊은이들을 타락시킨 죄로 고발당해 독배를 마시고 일생을 마쳤다.

세계 4대 성인 중 한 명인 소크라테스는 50년 동안 깊이 고찰하며 수양을 쌓은 후, 모든 이들에게 존경을 받는 스승의 자리에 올랐다.

그는 대머리에 덥수룩한 수염이 얼굴을 덮은 외모의 남자였고, 결혼할 때가 되자 자신의 아내로 크산티페를 선택했다. 그러나 안타깝게도 결혼 후 그녀는 더 이상 그가 사랑하던 매혹적인 여자가 아니었다. 유난히 잔소리가 심한 아내가 된 것이다. 하지만 그 일은 소크라테스로 하여금 철학적 깨달음의 경계를 넘어 성찰로 넘어서는 계기가 되었다. 바로 "무지야말로 유일한 죄악이다"라는 것을 깨닫게 해주었기 때문이었다.

참고로 소크라테스가 한 말 중 가장 유명한 말은 "너 자신을 알라"이다. 아직도 전 세계인에게 애용되고 있는 이 명언은 실은 공식적인 자리에서 연설 도중에 언급된 것은 아닌 것으로 알려지고 있다.

소년들을 위한 고등학교인 김나지움과 아카데미가 함께 있는 소크라테스의 사설 학교에서는 부유한 집안의 자제들과 귀족들이 기하학과 논리학, 역사를 공부하고 인격 수양을 쌓았다. 그의 학교는 날이 갈수록 번창했다.

소크라테스는 사람들에게 생각과 말 그리고 행동이 일치해야 한다고 가르쳤다. 또한 기본적으로 중용적이며 이성적인 삶을 영위해야 한다고 조언했다. 그는 사람이 살아가는 동안 일어날 수 있는 예기치 못한 상황에 대처하는 법에 대해서도 잘 알고 있었다. 그는 청년 시절 이웃의 도시 국가와의 전쟁에 중장비 보병으로 3번이나 참가했고 그때 예기치 못한 약탈물을 얻었던 적이 있었기 때문이었다.

그러나 시간이 흐를수록 부유하고 영향력 있는 도시의 지배 계층 사이에서 소크라테스를 좋아하는 이들의 수가 갈수록 줄어들었다. 그들은 소크라테스가 "청소년들을 타락시킨다"라고 비난했으며 또한 그가 새로운 신들을 만들어낸다고 주장했다. 그리하여 소크라테스에게 사형이 선고되었다.

재판에서 그를 고발한 자는 시인이자 선동 정치가이자 웅변가였지만, 논쟁의 예술가라고 할 수 있는 소크라테스는 사실 힘을 들이지 않고도 그곳에서 빠져나올 수 있었다. 그러나 재판에 선 70세의 소크라테스는 서투를 수밖에 없었고 또한 너무나 완고했다. 결국 형벌로 독약이 내려졌다. 독약으로 미나리과의 독초인 코늄에서 채취한 독, 코니인이 사용되었는데, 소크라테스는 기쁘게 그리고 침착하게 독약이 든 컵을 비웠다. 사랑스러운 제자이자 그의 곁에서 죽음을 목격한 플라톤이 당시 상황을 후세에 전했다고 알려져 있다.

당시 숙련된 사형 집행관과 독약 제조자는 소크라테스에게 충고했다.

"독기가 몸에 퍼지는 것을 느낄 때까지 걸어 다니시오. 그리고 바닥에 누우면 독약의 효과가 나타날 것이오."

코니인은 체내에서 매우 느리게 퍼지는 약물로, 척추의 중추신경부터 마비시키기 시작하여 마지막에는 의식과 호흡을 잃게 만든다. 얼마쯤 시간이 지나자 소크라테스는 경련하기 시작했다. 기도를 해도 고통으로 얼굴이 일그러졌다. 숨이 멈추기 전 소크라테스는 플라톤에게 마지막 임무를 지시했다.

> "우리는 아스클레피오스에게
> 수탉 한 마리를 빚졌네.
> 그에게 그것을 제물로 바치게."

여기서 아스클레피오스는 사람이 아닌 치료의 신을 의미한다. 소크라테스가 아스클레피오스에게 어떤 빚을 졌는지, 혹은 어떤 도움을 받았는지는 알려지지 않았다.

# 클레오파트라

Cleopatra VII, B.C. 69~B.C. 30

이집트 프톨레마이오스 왕조 최후의 여왕. 프톨레마이오스 12세의 둘째
딸로, 남동생 프톨레마이오스 13세와 결혼하여 함께 이집트를 통치했다.
기원전 48년, 이집트에 와 있던 카이사르와 인연을 맺고 프톨레마이오스
13세를 쫓아낸 뒤 막내 남동생 프톨레마이오스 14세와 재혼하여 다시 공
동 통치했다. 카이사르가 암살당한 후 안토니우스와 인연을 맺어 결혼했
으나, 이 역시 좋은 결말을 맺지는 못했다.

클레오파트라는 '제왕들의 여왕'으
로 처음에는 로마 지배자 카이사르의 애인이었고, 후에는
안토니우스의 부인이 되었다. 안토니우스의 아이를 세 명
이나 낳은 클레오파트라는 자식들을 위해 그녀의 왕국을
지키려 했다. 그러나 클레오파트라의 노력은 실패로 돌아
가 목숨을 희생할 수밖에 없었다.

화려한 왕가의 영묘 속에서 비참한 최후를 맞게 된 클레오

파트라는 독사가 숨겨져 있는 바구니를 건네받았다. 그녀는 아무것도 이룬 것 없이 이렇게 운명적이고 예기치 못한 죽음을 맞고 싶지 않았다. 그러나 건네받은 바구니를 열자 그 속에 있는 독사가 그녀를 응시하며 쉬쉬거리는 소리를 냈다.

클레오파트라의 마지막 말은 인간이 아닌 뱀에게 건넨 것이었다.

**"그래, 네가 거기에 있었구나"**

# 마틴 루서 킹

Martin Luther King. Jr, 1929~1968

목사·미국의 흑인 해방 운동 지도자. 1954년에 목사로 취임했고, 비폭력 저항을 주창한 간디의 사상에 영향을 받아 1955년 12월, 시내버스의 흑인 차별 대우에 반대하는 '몽고메리 버스 보이콧 투쟁'을 지도하여 승리를 거두었다. 그 후 비폭력주의에 입각한 공민권 운동의 지도자로 활약했고 1964년에 노벨 평화상을 받았다.

1963년, 마틴 루서 킹은 "나에겐 꿈이 있습니다"라고 외쳤다. 미국 남부 출신인 이 침례교회 목사는 사람들에게 자유와 평등, 동료애에 대한 꿈 그리고 인종 차별 폐지를 주장했다. 그리고 테네시주 멤피스에서 암살당했다.

당시 그의 고향에서는 흑인을 하층민으로 구분했고, 도망친 노예에게는 어떠한 권리도 주어지지 않았다. 무엇보다 그들은 백인과 같은 학교에 다닐 수 없었다. 또한 식당, 수영장, 버스나 대학에서도 공공연하게 벌어지는 인종 차별이 합법화돼 있었다. 이런 일들은 신학 박사인 그가 (보스턴에서 학위를 받았다) 1955년 앨라배마주의 몽고메리에 목사로 취임하면서 직접적으로 정치적 무대에 개입하기 전까지 계속되었다.

킹 목사는 우선적으로 '버스 내 인종 차별 투쟁'을 조직했고, 또 폭탄을 이용한 첫 암살 시도에서도 살아남았다. 그는 카리스마적이며 조직을 다스리는 능력을 갖춘 사람이었다. 또한 청중에게 감동을 주는 연설가였지만 폭력에는 반대한 인물로, 예수와 간디가 그의 우상이었다. 그가 빠른 시간 안에 흑인 인권 운동의 지도자가 되는 것은 시간 문제였다. 그와 동시에 백인들이 경멸하는 대상 그 자체가 되었다.

죽음을 전혀 개의치 않는 대담무쌍한 그의 행동은 사람들을 놀라게 했으며, 수차례의 암살 시도에도 다치지 않고 살아남았다. 킹 목사의 인권 운동이 점차 전국으로 확산되자 그와 뜻을 같이 하는 백인 동지까지 생기기 시작했다. 결국 1964년, 오슬로에서 그는 노벨 평화상을 받았다.

그의 마지막 캠페인은 워싱턴을 향한 '가난한 이들의 행진'이었다. 암살당하기 하루 전날, 그는 멤피스의 한 교회에서 2,000여 명의 관중을 앞에 두고 연설을 했다.

"우리의 국가는 병들었습니다. 나라에 불안이 생기고, 혼란이 여기저기에… 하지만 주위가 어두워야만 밤하늘의 별을 볼 수 있는 법입니다…"

그는 자신을 따르는 사람들에게 이렇게 말했다.

"우리는 어느 누구와도 싸울 필요가 없을 것입니다. 또한 서로에게 저주하거나 욕할 필요가 없을 것입니다. 그때가 되면 우리는 돌이나 유리병을 필요로 하지 않게 될 것입니다. 그리고 화염병도 필요 없을 것입니다."

킹 목사가 연설하고 있던 때에, 암살자인 백인 청부업자 제임스 얼 레이는 킹 목사가 머무르던 호텔 건너편에서 이미 저격 준비를 마친 상태였다. 다음 날인 4월 4일, 킹 목사가 이른 저녁 시간에 발코니로 나오자 거리에 있던 친구

들이 그에게 인사를 건넸다. 킹 목사는 저녁 예배에 대한
자신의 의견을 말했다.

> **"'주여 내 손을 잡아주소서'를
> 연주하는 걸 잊지 마시오.
> 특히 아름답게 연주해야만 하오!"**

그때 총알이 날아왔다. 목사는 70미터 정도의 거리에서 저
격당했다. 총알은 킹 목사의 목과 아래턱에 주먹만 한 구
멍을 내면서 뚫고 지나갔다. 동맥과 척추는 파열되었다.
그는 총탄에 맞은 즉시 쓰러졌으며 곧 의식을 잃었다. 1시
간 후, 마침내 목사는 하느님의 품에 안겼다.

# 프랭클린 루스벨트

Franklin Delano Roosevelt, 1882~1945

미국의 제32대 대통령. 변호사 출신으로 1928년 뉴욕 주지사를 거쳐 1932년에 대통령으로 당선되었다. 대공황을 극복하기 위해 뉴딜 정책과 과감한 개혁을 통해 경제를 부흥시키고 국민의 생활을 안정시켰다.

미국의 32번째 대통령이었던 루스벨트는 대통령에 무려 세 번이나 당선된 유일무이한 인물이다. 다만 그의 갑작스러운 죽음 뒤로 여러 차례의 재선은 법으로 금지되었다. 그리하여 대통령이 백악관에 있을 수 있는 최대 임기는 8년으로 한정되었다.

무려 13년 동안 나라를 이끈 이 동부 출신 지성인에 대한 국가와 국민들의 평가는 나쁘지 않았다. 당시 루스벨트는 대중적인 인기를 얻고 있었으며, 전국적으로 수많은 열렬한 지지자를 보유한 덕에 재선이 가능했다. 루스벨트는 첫 번째로 당선된 직후에는 세계적인 대공황에서 벗어나는 데 총력을 기울였다. 그는 주변 국가들과 협정을 맺으며 전세계의 평화와 행복을 위한 스케치를 구상하는 데 혼신을 다했다.

대학에서 법학을 전공한 루스벨트는 미국식 표현으로 '온건한 좌익'이었고, 매우 재능이 넘치는 홍보 전략가였으며 또한 현실주의자였다. 루스벨트는 '급진주의자'를 두고 "두 발이 공중에 떠 있는 사람"이라고 일침을 놓았다.

루스벨트는 제2차 세계대전 초에는 중립을 선언했으나 그 뒤에는 적극적으로 영국과 프랑스를 원조하다가 일본의 진주만 공격을 계기로 참전했다. 2차 세계대전 중 그의 전략과 처칠의 자질 그리고 소련의 독재자 스탈린의 능력을 포함한 모든 것들이 미국인들에게는 승리의 트로이카로 여겨졌다. 만약 루스벨트가 1945년, 독일의 무조건적인 항복이 있기 26일 전에 죽지 않았더라면 아마도 일본을 포함한 모든 적들을 물리친 승리자로 역사에 기록되었을 것이다. 안타깝게도 그는 1945년 4월, 세계대전의 종결을 보지 못하고 뇌출혈로 사망했다.

1921년, 그는 중풍으로 인해 휠체어에 의지할 수밖에 없었지만 그로 인해 정치적 입지가 약해지지는 않았다. 왜냐하면 그 당시에는 텔레비전이 없었기 때문이었다.

루스벨트가 심장 발작을 일으키던 순간, 그는 휠체어에 앉아 있었다. 그와 똑같은 병세로 1953년에는 스탈린이, 1965년에는 처칠이 죽음을 맞이했다. 루스벨트 대통령이 마지막으로 남긴 말은 대부분의 사람이 일상적으로 내뱉는 평범한 단어들의 조합이었다.

**"머리가 지독하게 아프군."**

"나에게 죽음이 오는
        이 순간에도

            당신이 보고 싶소."

# 아리스토텔레스

Aristoteles, B.C. 384~B.C. 322

고대 그리스의 철학자. 17세 때 플라톤이 세운 학원 아카데미아에 들어가 20여 년간 머무르다가, 플라톤이 죽은 후 마케도니아 왕 필리포스 2세에게 초빙되어 알렉드로스 대왕을 가르치는 등 교육 활동을 했다. 스승인 플라톤이 초감각적인 이데아의 세계를 중시한 데 반해, 아리스토텔레스는 인간이 감각할 수 있는 세계를 중시하는 유물론적 입장을 취했다. 쓴 책으로는 『니코마코스 윤리학』 등이 있다.

아리스토텔레스는 위대한 고대 그리스 철학자 중 한 명이다. 그의 스승인 플라톤은 아스클레피오스 신을 섬기는 부유한 궁궐 주치의의 아들인 아리스토텔레스를 천재 소년으로 여겼다. 그러나 아리스토텔레스가 자신의 학원을 설립하고부터는 견해 차이가 심해져서 스승과 제자는 더는 같은 길을 걸을 수 없었다. 또한 그들은 각자 가진 사상을 이해하기 위해 의견 교류를 할 충분한 시간도 갖지 못했다. 그것은 아리스토텔레스가 400권이 넘는 책을 집필하느라 너무나 바빴기 때문이었다(플라톤은 10여 권을, 소크라테스는 1권도 남기지 않았다).

지금까지 전해지는 그의 작품들은 아리스토텔레스가 경험주의자이자 현실주의자임을, 논리학의 창시자이자 훗날 스콜라 학파의 예언자임을 보여주고 있다. 또 아리스토텔레스와 그의 추종자들은 여기저기를 거닐며 토론했기 때문에 사람들은 그의 일파를 '소요逍遙(마음 내키는 대로 슬슬 거닐며 다님 —옮긴이)학파'라고 불렀다.

당시 정권을 잡고 있던 통치자들은 늘 그랬듯이 아리스토텔레스 역시 재판에 세우려고 했다. 그러나 평소 주의 깊고 영리한 아리스토텔레스는 고향을 탈출해 마케도니아로 넘어갔으며 알렉산드로스 대왕의 스승이 되었다. 그리고 그곳에서 위암으로 사망한 것으로 추측된다.

그의 죽음에 대한 또다른 추측도 있다. 아리스토텔레스가 철학적인 죽음을 선택했을 가능성도 제기되었다. 수년 동안 아리스토텔레스는 특별한 이유 없이 불규칙한 폭풍이 몰아치는 우보이아만의 가장 가파른 지점(36미터의 폭과 6미터의 높이) 부근에서 골똘히 생각에 잠겨 있는 일이 많았다.

그러던 어느 날, 62세의 노인은 다음의 말을 남기고 갑자기 물속으로 뛰어들었다는 견해도 있다.

"내가 당신을 잡을 수 없으니,
당신이 날 잡아주시오."

# 요한 바오로 2세

Joannes Paulus II, 1920~2005

제264대 교황. 사제가 된 후에 크라쿠프의 대주교, 추기경을 거쳐 1978년에 교황으로 선출되었다. 바오로 6세의 개혁 정신을 이어받아, 교회 안팎 문제에 관심을 가지고 많은 활약을 했다. 세계 평화와 반전을 주장했으며, 생명 윤리 분야에서는 전통적인 기독교 도덕관을 제시하는 등 종교 범위를 넘어 세계 전체에 큰 영향을 끼치고 많은 사람으로부터 존경을 받았다.

　　　　　　　　　요한 바오로 2세(본명 카를 보이티와Karol Wojtyla)는 폴란드에서 출생했으며 26년간 로마 교황의 자리를 지켰다. 그는 진실하고 활발하며 정열적이었다. 그러나 신앙에 있어서는 보수적인 태도를 취했다. 그는 동유럽의 공산주의 체제를 해체시켰고, 263명의 추종자들과 함께 104개 국을 돌며 선교 여행을 했다.

교황은 거의 15년 동안 신경 계통의 질병인 파킨슨병으로 고통받았다. 이 병은 뇌와 척추의 신경세포를 파괴시키고 근육 경련과 함께 제대로 걸을 수조차 없게 만든다. 삶의 마지막에 다다르자 호흡 장애까지 더해져 힘겨운 시간이 지속되었으나 그래도 교황은 업무를 끝까지 수행했다. "십자가에 달린 예수님 또한 물러서지 않았다"라고 생각했기 때문이었다.

임종이 다가오자 교황은 온 세상이 함께할 수 있도록 자신의 죽음을 널리 알렸다. 바티칸에 있는 그의 침실에는 작은 초 하나만이 타올랐으며 네 명의 폴란드 출신 성직자들이 그를 위해 미사를 올렸다. 교황은 폴란드어로 조용히 마지막 소원을 속삭였다.


**"내가 아버지의 집에 가게 해주시오."**

# 지크문트 프로이트

Sigmund Freud, 1856~1939

오스트리아의 심리학자·정신 의학자로 정신분석학의 창시자. 유대인 상인의 아들로 태어나 빈대학 의학부를 졸업한 후, 정신분석학적 방법으로 잠재의식을 일깨움으로써 신경 질환을 치료하는 방법을 발견했다. 20세기를 '프로이트의 세기'라고 부르는 만큼, 그의 이론은 심리학·정신의학뿐만 아니라 사회학·문화인류학·교육학·범죄학 등 모든 분야에 지대한 영향을 끼쳤다.

상담 치료를 할 때 사용하는 환자용 소파는 모두 흰색이어야 한다고 주장한 의학도, 프로이트는 비엔나의 신경과 의사이자, 모든 이들의 마음속에 있는 무의식을 발견한 학자이며, 정신분석학의 아버지이다. 전 세계적으로 프로이트 학설의 신봉자들은 몇 만 가지에 해당하는 다양한 직업에 종사하고 있으며, 그 고객도 수천만 명에 이른다.

체코 모라비아에서 출생한 프로이트는 처음에는 왕실의 신하로서 의사가 되는 것을 원치 않았다. 차라리 아버지처럼 모직물 상인이 되기를 원했는데, 그러다 보니 결국 의학 공부를 거의 10년 가까이 해야 했다. 그러나 그 과정에서 프로이트는 일반 의학과 거리가 먼, 새로이 형성된 신경치료학에 관심을 갖게 됐다.

잠시 다른 이야기를 하자면 프로이트는 1884년부터 수년 동안 코카인에 심취해 있기도 했다. 그는 "여행 도중이나 연설을 하기 전에 불안하거나 위에 통증을 느낄 때 복용했는데 굉장한 효과가 있었다"라고 고백했다.

1886년에 그는 비엔나에 환자들을 위한 신경과 병원을 열었다. 병원은 성황을 이루었고, 그의 책에 대해 열띤 논쟁을 벌이는 신봉자들까지 모여들었다. 그러나 1938년, 오스트리아가 독일 제국과 병합되어 (히틀러가 오스트리아의 정권을 장악했다) 세계를 상대로 한 나치의 구호 "승리여, 만세!"가 울려 퍼지기 시작하자 이 유대인 학자의 위치는 위태로워졌다.

당시 82세의 프로이트는 그와 그의 가족들을 모두 영국으로 요양을 떠날 것을 제안받았다. 그의 주치의 막스 슈르 박사가 프로이트의 영국행을 함께했다. 한편 프로이트는 평생 심각한 골초였다. 그로 인해 발생한 구강 속 종양으로 1923년부터 세 번의 수술을 받으면서 고생을 했다. 암은 급속도로 전이되었고, 결국 프로이트는 더 이상 아무것도 먹을 수 없게 되었다. 고통은 시간이 지날수록 커져만 갔고, 밤에는 참을 수 없을 정도로 심각해졌다. 9월 21일, 제2차 세계대전이 시작된 지 3주 만에 런던에 첫 폭탄이 떨어졌다. 당시 프로이트는 주치의에게 부탁했다.

"친애하는 슈르, 당신은 마지막 순간까지 절 포기하지 않겠다고 약속하셨습니다. 하지만 지금은 너무나 고문과 같은 고통뿐이고 그것은 이제 아무런 의미가 없는 것 같군요."

그리하여 슈르 박사는 프로이트에게 엄청난 양의 모르핀을 주사했다.

### "감사합니다. 안나에게도 말해주세요."

안나는 프로이트가 사랑하는 딸이었다. 프로이트는 평온

하게 잠들었고, 딸 안나와 슈르 박사가 그 곁을 지켰다. 얼마 지나지 않아 주치의는 그의 환자에게 두 번째 모르핀 주사를 놓았다. 그렇게 프로이트는 83세의 나이로 생을 마감했다.

# 엘리자베트 폰 비스텔바흐

Elisabeth von Wittelsbach, 1837~1898

오스트리아의 황후. 독일 바이에른 공작의 딸로 태어나 1853년 오스트리아 황제인 프란츠 요제프 1세와 결혼하여 황후가 되었다. 그러나 결혼 생활에 적응하지 못하고 정신적인 불안 증세로 말미암아 유럽 전역을 여행하며 일생을 보냈다.

시씨Sisi라는 애칭으로 불리우는 오스트리아의 엘리자베트 황후는 이탈리아 무정부주의자 루이지 루케니에게 암살당했다. 서거 후 그녀의 이야기는 영화로 제작되었고 대중적인 인기를 얻었다.

엘리자베트 황후는 16세의 나이로 차갑고 자기중심적인 오스트리아 황제 요제프 1세와 결혼했다. 이미 결혼 전부터 황후는 바이에른 공주의 직위를 지니고 있었고, 따라서 어린 시절부터 수많은 의무가 주어졌다. 시간이 흘러 황후의 자리에서 물러나고 개인적인 삶을 누릴 여건이 주어지자 그녀는 끊임없이 여행을 다녔다. 사실 엘리자베트 황후는 합스부르크 왕가의 흥망보다는 자신의 날씬한 몸매와 아름다운 머리 스타일에 더 큰 관심을 두는 편이었다.

어느 날 그녀는 겐프의 바닷가를 산책하는 도중 21세의 이탈리아 노동자 루케니와 마주치게 되었다. 루케니는 왕족의 가슴에 단도를 꽂는 순간 혁명이 이루어질 것이라고 굳게 믿고 있었다. 그리하여 그는 온 힘을 다하여 미리 준비해둔 삼각형 모양의 화살촉으로 이 가녀린 여성을 찔렀다. 그녀의 심장 근육은 바로 찢어졌다. 그 당시 이는 곧 죽음을 의미하는 것이었다. 단지 공작 부인만을 시녀로 대동했던 황후는 그 자리에서 쓰러졌다. 잠시 후 의식이 돌아왔을 때, 고통스럽냐는 질문에 황후는 이렇게 대답했다.

**"잘 모르겠어요.**
**내 생각에 가슴이 좀 아픈 것 같아요."**

그녀는 피를 흘리면서 공작 부인의 부축을 받아 다친 몸을 이끌고 타려고 했던 증기선의 갑판으로 걸어갔다. 그곳에서 그녀는 의식을 잃었다. 황후는 마지막으로 눈을 떴을 때 옆의 사람에게 물었다.

### "도대체 무슨 일이 벌어진 거야?"

그것이 그녀의 마지막 말이었다. 대답을 듣지는 못했다. 사람들은 그녀를 급하게 만든 들것에 실어 해변가의 호텔로 옮겼다. 그녀는 그곳에서 병자 성사를 받았고 결국 공격을 받은 지 1시간 만에 죽음을 맞이했다.

행동선전기관(바쿠닌이 만든 무력 단체)의 일원인 루이지 루케니는 사형을 원했으나 사건이 발생한 겐프 지역에서는 사형이 폐지된 상태였다. 따라서 그는 감옥에서 12년을 복역한 후에 스스로 목숨을 끊었다. 그의 머리는 잘린 상태로 에틸알코올에 저장되었으며 아직까지도 빈에서 보관되고 있다. 그는 죽음을 선택하며 "나는 그 어떤 것도 후회하지 않는다"라는 말을 남겼다.

# 마릴린 먼로

Marilyn Monroe, 1926~1962

미국의 영화배우. 조연 배우로 활동하다가 1953년 영화 「나이아가라」의
주연을 맡으면서 폭발적 인기를 끌었다. 이후 「신사는 금발을 좋아한다」,
「7년 만의 외출」, 「뜨거운 것이 좋아」 등을 통해 세계적인 스타가 되었다.

　　　　　　할리우드에서 마릴린 먼로와 같은
이는 그전에도, 그 후에도 존재하지 않았다. 세계적인 스타
로 발돋움했을 때 그녀는 젊었다. 물론 사망 당시에도 그녀
는 젊었다. 바로 그 점 때문에 마릴린 먼로라는 이름이 아
직까지도 빛을 발하고 있는 것일지도 모른다.

마릴린 먼로는 나이를 불문하고 전 세계의 남성들에게 매
력을 어필했다. 이 매력적인 배우는 영화는 물론이고 실제

삶 속에서도 큰 사랑을 받았다. 그녀에게는 미국 대통령 존 F. 케네디를 포함해 이름 모를 수많은 연인들이 있었다. 그리고 출연한 영화들은 그녀의 명성에 걸맞게 대부분 세계적인 성공을 거두었다.

그러나 죽음은 너무나 빨리 찾아왔다. 감독이자 배우인 존 휴스턴은 먼로의 허망한 죽음을 두고 이렇게 말했다.

"할리우드가 마릴린을 죽인 것이 아니다. 그녀를 죽인 것은 망할 의사들이다. 그녀가 약물 중독에 빠졌을 때 그들이 그녀를 죽음으로 몰고 갔다."

먼로는 수면제와 신경안정제를 과용했고 때로는 폭음을 했다. 1962년 8월, 햇빛이 눈부시게 빛나던 그날, 정신과 의사는 그녀의 방에서 4시간 반 동안의 상담을 마친 후 떠났다. 마릴린 먼로는 당시 숙면을 취하지 못했고, 의사가 다녀간 뒤 그녀의 가정부가 바르비투르 약제(수면, 진정제)가 가득 찬 약을 건넸다. 그 약은 과다 복용할 경우 생명이 위험해질 수 있는 수면제였다.

마릴린 먼로는 전화가 울렸을 때 침대에 누워 있었다. 전화를 건 사람은 할리우드인이자 미국 대통령의 처남인 피터 러슨이었다. 그는 마릴린 먼로의 약물 중독 증세에 대해 잘 알고 있었다. 러슨은 훗날 세기의 디바가 단조롭게 그리고 매우 천천히 속삭이던 마지막 말을 회상했다.

**"팻에게 안부를 전해주세요.
대통령에게도 안부를 전해주세요.
그리고 당신에게도 안부를 전해요.
왜냐하면 당신은 좋은 사람이니까요."**

그녀의 말을 들은 러슨은 갑자기 겁이 나기 시작했다. 화를 내며 대체 무슨 일이냐고 물었다. 그러나 당사자인 먼로 또한 뭐가 문제인지, 무슨 일이 일어나고 있는 것인지 정확히 알지 못했다.

**"다시 또 봐요. 다시 보자고요."**

다시 보자던 그녀는 그 약속을 지키지 못하고 3시간 뒤 영원히 잠들었다.

"삶은 끝이라고 생각한 그 지점에서
가장 강렬하게 되살아난다."

# 허레이쇼 넬슨

Horatio Nelson, 1758~1805

영국의 해군사령관. 1770년 해군에 입대하여 미국 독립전쟁에 참전한
후, 프랑스의 혁명전쟁에도 종군하여 지중해와 대서양에서 싸웠다. 나폴
레옹이 등장한 이후 프랑스 함대와 대결하는 중심인물이 되었다.

 

 

1805년 10월 21일, 모든 영국인의
사랑을 온몸으로 받던 국민 영웅 넬슨 제독은 화려한 금빛
제복을 입었다. 상의에는 그동안 그가 받은 훈장과 메달
이 주렁주렁 달려 있었다. 그는 자신의 배, H.M.S. 빅토리
호의 갑판 위로 올랐다. H.M.S. 빅토리호는 3개의 돛대와
108개의 포 그리고 800명의 해군이 탑승하고 있는 위협적
인 범선이었다. 당시 넬슨은 자신의 인생에서 가장 거대한

그리고 마지막인 전투를 앞두고 있었다.

넬슨은 22척의 배와 1만 명의 해군을 지휘했으며, 스페인 남부 해안 지역 트라팔가르곶에서의 임무를 꿰뚫고 있었다. 이 모든 것은 앞으로 영국 해군의 운명을 결정지을 중요한 전투였다. 전투를 시작하기 전에 그는 병사들에게 말했다.

"영국은 모두가 자신의 책임을 다할 것이라고 기대하네."

그의 적은 프랑스와 스페인이었으며 넬슨은 그들에 대항하기 위해 33열의 범선을 바다 위에 띄웠다. 그는 살아 있는 동안에도 이미 전설이 된 사내였다. 넬슨은 나폴레옹이 다스리는 프랑스의 해군과 여러 해 동안 전투를 벌였다. 숱한 전투를 치루는 동안 그는 34세에 한쪽 눈을 잃었고, 39세 때는 오른팔을 잃었다. 그럼에도 불구하고 승리에 대한 그의 의지는 멈출 줄 몰랐다.

그러나 프랑스도 쉽게 물러서지 않았다. 넬슨이 없다면 전투에서 승리할 확률이 높았기에 먼저 넬슨을 제거하기로 했다. 그리하여 머스킷 총을 든 병사들이 뒷 돛대의 꼭대

기에서 전투 상황을 주시 중이던 넬슨을 목표로 겨냥했다. 그때 넬슨의 H.M.S. 빅토리호가 먼저 공격을 시작했고, 순간 프랑스 저격병의 눈에 목표물이 포착되었다. 이름을 알 수 없는 한 프랑스 군인이 쏜 총알이 넬슨의 어깨를 관통했다. 그의 옷이 찢어지며 그 안의 갈비뼈 2대가 부러지고 폐와 폐동맥이 손상되었다. 사령관은 갑판 위로 천천히 주저앉았으나 의식을 잃지는 않았다. 함장 토머스 하디는 넬슨을 보호하기 위해 그의 몸 위로 자신의 몸을 숙였다.

"하디, 그들이 나에게 쉴 시간을 준 것 같네. 그들이 척추를 맞춘 것 같아."

하디는 넬슨의 말을 인정하지 않았다. 평소 제독의 튼튼한 건강과 굳센 의지를 확신하기 때문이었다. 넬슨 제독은 마취약이나 항생제가 존재하지 않았던 그 시절, 안구를 적출하고 오른팔을 절단해야 했던 상황에서도 살아남았다.
두 명의 병사가 심하게 부상을 입은 그를 갑판 아래 선실로 옮겼다. 넬슨은 손수건을 펼쳐 얼굴과 훈장을 덮었다. 신분이 드러나지 않게 하기 위해서였다. 또한 제독의 부상은 군사들의 사기를 저하시킬 수 있기 때문이었다. 부상을 당했지만 넬슨은 사령관으로서 계속 전투를 지휘하려 했다. 배에 승선하고 있던 의사와 목사가 그의 곁을 지켰고, 넬슨은 깊은 통증을 겪는 와중에도 하디로부터 전투 상황에 대해 보고받았다.

47세의 제독이 삶의 마지막 4시간 동안 남긴 말들은 훗날 그 자리를 지키던 증인들에 의해 세세하게 전해졌다. 그는 자신이 죽은 뒤 연인 엠마 해밀턴과 그녀의 딸을 돌봐줄 것을 부탁했다. 목사에게는 다음과 같이 고백했다.

**"조금 더 오래 살았으면 좋았으련만.
전 살면서 그렇게 큰 죄를 가진
죄인은 아니었던 것 같습니다."**

하디 선장은 그의 상사와 마지막 작별 인사를 하기 위해 다시 아래로 내려왔다. 제독은 숨을 거의 쉬지 못했으며 고통으로 몸부림치고 있었다. 그의 말을 듣기 위해 거대한 몸집을 가진 하디가 다소 왜소한 체구을 가진 넬슨에게 몸을 숙였다. 넬슨은 마지막으로 그에게 세 가지 명령을 내렸다.

먼저 폭풍이 다가오는 것을 걱정하며 닻을 내리라고 했고, 자신을 갑판 위에서 바다 밑으로 던져버리지 말 것을 요구했다. 이에 대해 하디는 "오, 절대로 그런 일은 없을 겁니다"라고 답했다. 이후 1806년 1월, 런던에서는 넬슨 제독의 성대한 국가 장례식이 열렸다. 그때까지 그는 와인 통에 보관되어 육지로 이송되었다. 넬슨이 하디에게 내린 마지막 명령은 다음과 같다.

## "나에게 키스해주게, 하디."

선장은 몸을 숙이고 그의 볼과 이마에 키스를 했다. 그 당시 전쟁에서는 죽어가는 용사에게 존경을 표시하며 이별을 고하기 위해 키스를 하곤 했다.

# 밥 말리

Bob Marley, 1945~1981

자메이카의 음악가. 1971년까지 자메이카에서 활동하다가 1973년 아일
랜드 레코드와 계약하여 앨범 「Catch a Fire」를 내면서 유럽, 아프리카 지
역에서 큰 인기를 얻었다. 1974년에 에릭 클랩튼이 그의 노래 「I Shot the
Sheriff」를 불러 미국 차트 1위를 기록했고, 순회공연을 하면서 자메이카
의 레게 음악을 세계에 알렸다.

밥 말리는 「The Island in the Sun」
이라는 곡을 부른 자메이카의 대표 뮤지션이자 레게 음악
의 아버지이다. 그는 라스 타파리(에티오피아 황제 하일레 셀라
시에Haile Selassie의 본명)를 신으로 믿는 흑인으로, 머리를 길
게 늘어트리고 그것을 꼬아서 묶고 다녔다. 그런 모습은
그를 마치 에티오피아의 사자처럼 보이게 했다.
1980년 말경 눈이 내리는 날, 말리는 자신이 입원한 바이

에른의 한 병원에서 죽어서 실려 나가는 환자를 보고 마음이 무거워졌다. 이 병원은 대부분의 환자들이 암 투병으로 누워서 생활하다가 어느 날 갑자기 관 속에 묻히는 것이 일상인 암 전문 병원이었다. 그곳에서 밥 말리는 자신의 운명을 결정해야만 했다.

밥 말리는 하느님과 고향의 많은 신들 그리고 땅의 요정들을 비롯해 당장 그에게 마법사처럼 느껴졌을 독일인 의사 요제프 이셀스에게까지 간절한 마음으로 자신의 병이 완치될 수 있기를 기도했다. 의사는 "우리는 해낼 수 있어요"라고 말하며 말리에게 건강을 되찾아주겠다고 약속했다. 이셀스 박사는 그의 느슨해진 치아를 조이고 인두를 수술했다. 또 비타민 주사와 가정식 식이요법을 병행했고 젊은 사람의 피까지 수혈했다.

시간이 지날수록 말리는 그가 자란 곳에서는 보지 못했던 새하얀 눈이 가득 내린 풍경에 점차 익숙해졌다. 또한 정신이 맑은 날에는 명곡들이 그의 머릿속을 가득 채웠다.

그는 짧은 생애 동안 열두 명의 자식을 둔 대가족의 가장이었지만 독일에서는 홀로 외로이 지냈다. 또 병원에서는 중병에 걸린 다른 환자들을 배려해야 하므로 귀에 이어폰을 꼽고 음악을 들을 수밖에 없었다. 그러나 안타깝게도 결국 이셸스 박사는 이 죽어가는 환자를 완치시키지 못한 채 퇴원시키게 되었다. 입원할 때만 해도 거구였던 말리는 퇴원 당시 체중이 고작 42킬로그램밖에 나가지 않았다.

병원에서 나온 밥 말리는 고국인 자메이카에서 죽기를 희망했다. 독일을 떠나 미국으로 향하는 비행기 안에서 그는 구름들 사이로 빛나는 태양을 보았다. 다만 비행기를 타고 미국의 마이애미, 플로리다를 거쳐 가는 도중에도 그의 건강은 점점 쇠약해졌다. 집에 도착하여 침대에 눕게 되자 그는 신디의 손을 잡고 자메이카 사투리로 말했다.

**"내가 당신을 위해 자리를 준비해놓겠소."**

아마 그곳은 라스 타파리의 천국이었을 것이다. 독일을 떠난 지 40시간이 흐른 뒤, 밥 말리는 그렇게 사망했다.

# 가스파르 드 콜리니

Gaspard de Coligny, 1519~1572

프랑스의 제독. 위그노 전쟁(16세기 프랑스에서 위그노로 불리는 신교도들이
정부와 가톨릭교회에 저항함으로써 일어난 종교전쟁)을 지도했고, 콩데 공 루
이 1세가 죽은 뒤 위그노파(프로테스탄트파)의 지도자가 되었다. 1522년,
프랑스의 제독이 되어 스페인 군대에 대항하여 싸웠다가 잡혀 2년간 옥
살이를 했다.

        1569년 위그노파의 수장인 콜리니
는 프랑스 구교도와의 전쟁에서 패했다. 귀족 신분의 콜리
니는 종교 개혁자 칼뱅이 주도하는 전투적 프로테스탄트
의 추종자였다. 칼뱅은 그를 따르는 추종자들에게 이 세상
에 엄격한 '하느님의 나라'를 세울 것이며, 그 나라의 최상
층에는 루터파의 성직자와 교육자가 있을 것이라고 약속
했다.

많은 귀족과 국민이 칼뱅교에 젖어 있는 반면, 이런 신권 정치는 나라를 통치하던 왕실의 뜻과는 맞지 않는 것이었다. 그 밖에도 칼뱅교는 수백 년 동안 쌓아온 가톨릭교회의 부를 비판했다. 그렇게 된 이상 유혈 사태를 피할 수 없는 상황에 맞닥뜨리게 되었고, 결국 파리에서 '성 바돌로매 축일의 대학살'이 발생했다.

그로 인해 프랑스의 수도에서 약 3,000명의 위그노교도들이 죽음을 맞이했고, 전국적으로는 그 수가 무려 10배가 넘었다. 프로테스탄트 세력을 몰아내려는 비열한 학살의 주도자는 당시 왕이었던 샤를 9세의 어머니, 카트린 드메디시스였다. 그때 콜리니는 해군 제독에서 공식적으로 은퇴하여 조용히 은거하고 있었음에도 불구하고 학살의 첫 번째 희생자가 되었다.

늦은 밤 파리에 있는 콜리니의 저택을 습격한 살인자는 독일 용병이었다. 당시 콜리니는 안락의자에 앉아 책을 읽고 있었다. 그는 『구약성서』에 등장하는 하느님을 찾는 자, 즉 욥Job에 관한 칼뱅의 글을 읽고 있었다. 콜리니는 독일 용병에게서 교만한 살의를 느꼈고 이렇게 말했다.

"젊은이,
당신은 나의 삶을 단축시키는 게 아니라오.
왜냐하면 죽음 또한
새로운 삶으로 향하는 문이기 때문이오."

그러나 살인자는 이 해군 제독이 창문에서 떨어지지 않으려고 반항하자 칼로 재빠르게 그의 머리를 베어버렸다.

# 오노레 드 발자크

Honore de Balzac, 1799~1850

프랑스의 소설가이자 근대 사실주의 문학 작가. 소르본대학에서 법을 공부하다 중퇴해서 글을 쓰기 시작해, 1829년 발표한 소설 「올빼미당원」으로 문단에 첫걸음을 내디뎠다. 쓴 작품으로 「고리오 영감」, 「골짜기의 백합」 등이 있다.

19세기를 대표하는 유명 인사 중 한 명이며 프랑스의 문학가인 발자크는 말 그대로 '최상급의 형용사'가 수식어로 붙는 남자였다. 그는 종종 하루에 50잔의 커피를 마셔댔으며, 16시간 동안 쉼표와 마침표 없이 글을 써내려가기도 했다. 두꺼운 책 한 권을 쓰는 데 그에게 필요한 시간은 단 8일이면 충분했다.

문학가들은 발자크의 작품 속에 잠시 나타났다가 흔적 없이 사라진 인물까지 포함한다면, 그 수가 총 2,000여 명이 넘을 것으로 추측하고 있다. 총 60권으로 이루어진 발자크의 총서 『인간 희극』에서는 서로 다른 인물들이 실제 현실보다 더 긴 시간의 삶을 살아간다. 이러한 작가의 설정은 아직까지도 독자들을 끌어들이는 커다란 요인이 되었다.

안타깝게도 발자크의 건강 상태는 결국 과로로 인하여 망가지고 말았다(또한 비만이기도 했다). 파리 출신인 그는 집필 활동만 했던 것이 아니었다. 인쇄소와 광업회사를 운영했고, 출판업자이자 대지주였고, 정치가로서도 활동했다. 그리고 사치가 지나쳐 지방 행정관 또는 채권자들을 피하기 위해 여러 곳에서 가명을 쓰며 숨어 살았다.

공작 부인들(그에게 있어서 그녀들의 존재는 흡사 1등에게 주어지는 상과 같았다)에 대한 애정은 그의 발길을 유럽 각지로 나돌게 했고 또 많은 재산도 탕진하게 했다. 또한 그녀들과 어울리기 위해서는 자신을 귀족 신분으로 상승시켜야만 했기에, 귀족임을 나타내는 '드de'를 스스로 이름 가운데에 붙여 넣었다. 이러한 노력 덕분에 우크라이나에서 폴란드의 공작 부인과 결혼하는 데 성공했지만 결국 죽음의 그림자가 그를 찾아왔다. 병세가 위독해진 그는 다시 파리로 돌아올 수밖에 없었다.

그는 심한 호흡 곤란 증세와 질식 발작으로 고통을 받았으며 심장은 극도로 팽창되었다. 그의 동료이자 친구였던 빅토르 위고의 말을 빌리자면 발자크의 얼굴이 "검은색을 띠는 보라색"이 되었다고 한다. 이 51세의 환자를 구하려는 모든 의학적인 시도와 노력은 헛수고로 돌아갔다. 고열에 시달리던 발자크는 마지막으로 삶에 희망이 될 생각을 떠올렸다.

> "비앙송! 비앙송을 불러다오!
> 그가 나를 살릴 거야!"

비앙송은 그의 작품에 등장하는 유능한 의사로, 허구의 인물이다.

# 프리드리히 빌헬름 1세

Friedrich Wilhelm I, 1688~1740

프로이센의 국왕. 학문과 예술을 애호한 부왕 프리드리히 1세와 달리 부국강병책을 강행했고 상비군 양성에 전념하여 '군인 왕'으로 불렸다. 그러나 스웨덴으로부터 포메라니아 지역을 획득한 것 외에는 중요한 전쟁에 거의 참가하지 않았으며 화평 방침을 취했다.

프로이센의 '군인 왕'으로 명성을 날린 빌헬름 1세는 독일의 제왕 중에서 가장 권위적인 군주였다. 예를 들어 군인들이 지저분한 군화를 신었거나, 행진에서 발이 맞지 않거나, 제복에 단추라도 하나 떨어져 있으면 그 자리에서 지체 없이 자신의 지팡이로 체벌을 가했다. 빌헬름 1세는 27년이라는 통치 기간 동안 절대 왕권을 구축했다. 그는 귀족과 여러 고위 관리를 포함한 모든 국민들에게서 높은 세금을 걷었다.

또한 왕은 화려한 궁정 생활을 멀리했다. 그 대신 키가 185 센티미터 이상인 병사들로 구성된 왕의 '키 큰 동지들 군단'을 결성했고 거기서 즐거움을 찾았다. 어쩌면 자신의 키가 작고 뚱뚱했기 때문이었을지도 모른다.

그는 끝없이 먹고 마시는 대식가였다. 결국 그러한 식습관은 왕들이 주로 걸리는 병인 통풍에 걸리게 했고, 이는 곧 수종과 천식으로 발전했다. 그래서 제왕은 그런 고통을 잊고자 맥주를 퍼 마시고 죽도록 담배를 태우는 연회를 만들어 힘든 마음을 달래려고 했다. 당시 담배에 매겨지는 세금은 매우 높았다. 담배가 건강에 아주 좋은 것으로 인식되었기 때문이었다. 그리하여 프리드리히 1세는 마차에도 오르는 것조차 힘들 정도로 몸이 비대해졌다.

그러던 어느 날, 왕이 포츠담의 성에서 침상에 누워 임종을 기다리고 있을 때였다. 그는 정부인 소피를 불렀고, 왕에게 다가온 그녀는 그의 손을 꼭 잡은 뒤에 의사에게 넘겨주었다. 왕은 의사에게 "내가 얼마나 더 살 수 있겠는가?"라고 물었고, 의사는 어쩔 줄 몰라 하며 "30분 정도로 사료됩니다. 이미 맥박이 멈췄습니다"라고 대답했다. 왕은

팔을 높이 뻗으며 마지막으로 명령했다.

**"맥박이 멈춰선 안 돼!"**

다시 한번 주먹을 불끈 쥐고 자신의 목전에 다가온 죽음에게 소리쳤다. 그리고 그는 숨을 거뒀다.

**"죽음이여! 난 네가 두렵지 않다!"**

# 프리드리히 빌헬름 2세

Friedrich II, 1712~1786

프로이센의 국왕. 프리드리히 대왕이라 불린다. 오스트리아와 주변 강국에 맞선 외교 전략과 전쟁을 통해 영토를 확장했고, 프로이센을 유럽 최강의 군사대국으로 만든 특출난 군사 전략가였다. 스스로를 국가의 첫번째 종이라고 자처하면서, 전제 정치에 인간적인 자비로움을 접목시킨 계몽주의적 통치를 펼쳤다.

프로이센의 왕 중에서 오늘날까지 사랑받고 있는 왕, 프리드리히 2세는 46년 동안 나라를 통치했으며, 윤리적으로 논란이 될 수 있는 큰 전쟁들을 치렀지만 결국 역사에 승자로 기록되었다. 그는 유럽에서 프로이센의 권력을 아주 굳건하게 만들었다.

그는 국민들에게 높은 세금을 부과했던 '군인 왕' 프리드리히 1세의 아들로, 다방면에 재능을 가진 왕이었다. 전쟁 사령관과 정치가로서 탁월한 능력을 보였으며 나아가 유능한 작가이자 작곡가 그리고 계몽가였다. 음악이나 철학에도 큰 관심을 두던 왕이었다.

여담이지만 그가 동성연애자였다는 소문이 있다. 실제로 그가 20세의 나이에 약혼을 했으나 후계자가 생기지 않았으며, 일생 동안 여인을 멀리한 것은 사실이다. 그는 평생을 남자들과 어울려 지냈으며, 매우 강경한 성격으로 권위를 세우는 것을 중요시했다. 그래서인지 특히 신하들과 자주 대립했다. 예를 들어 베를린의 공직자에 대한 그의 글을 보면 평소 신하들을 어떻게 생각했는지 알 수 있다. 그는 서툰 독일어로 다음과 같이 기록했다. "모든 베를린 공직자는 일하기 위해서가 아니라 단지 그 자리만을 원할 뿐이다."

그는 이를테면 교육자라도 재단사로 일하면서 부수입을 올려야 한다고 생각했기 때문에 그러지 않는 학자들을 두고 '게으른 선생'이라고 비난했다. 또한 1748년의 기록에 따르면 "우리의 모든 건축가들은 바보이거나 위선자이다"라고 적혀 있다. 또한 프리드리히 2세는 국가 차원의 지원을 받던, 그 시대를 대표하던 예술가들도 좋아하지 않았다. 그는 이렇게 말했다. "오페라 가수들은 천민들이야. 그들에게 정말 질려버렸어."

그는 자신의 의견도 절대로 숨기지 않는 성격을 갖고 있었다. 개혁을 할 때에도 교회와 사법부가 반대를 했지만 아랑곳하지 않고 강행했다. 이렇게 해서 프리드리히 2세는 고문 제도를 폐지했는데, 한 유명한 일화가 전해진다. 남색을 즐겨 사형 선고를 받은 기병이 있었다. 의외로 프리드리히 2세는 그를 사면해주었다. 그가 기병을 사면해준 어이없는 핑계는 오늘날까지도 전해진다. "이놈은 짐승일 뿐이니, 보병대로 보내라!"

그런 프리드리히 2세도 나이만큼은 어쩔 수 없었다. 노년에는 관절염과 통풍에 시달렸으며 결국에는 지팡이를 짚어야만 했다. 시간이 흐를수록 남성들과의 유쾌한 대화조차 더 이상 그를 기쁘게 하지 못했다. 결국 그는 말년을 포츠담의 상수시성에서 까다롭게 그리고 외롭게 보냈다.

그는 죽음이 눈앞에 다가오자 성직자인 파페 신부를 불러 복잡한 위문을 자신의 앞에서 차분히 읽도록 명령했다. 신부는 임종 전 자신의 방식대로 축복받고 싶은 왕의 마음을 거스르고 싶지 않았기 때문에 천천히 읽기 시작했다. 신부가 "어머니로부터 벌거벗은 채 태어났다. 또한 벌거벗은 채 다시 그곳을 향해 떠날 것이다"라는 구절을 읊자 왕은 신부의 말을 정정했다.

### "아닐세. 나는 내 제복을 입을 거네."

그렇게 임종 성사가 끝났다. 임종을 맞이하기 직전에는 제복을 입은 두 명의 하인과 한 명의 심부름꾼만이 그의 곁을 지켰다. 왕은 그들에게 늙은 애완견을 데려와 침대 옆에 있는 의자에 앉히도록 지시했다. 그리고 깃털이 들어 있는 푹신한 쿠션으로 애완견을 덮어줄 것을 부탁했다. 아마도 그것이 늙은 왕의 마지막 배려였을 것이다. 한밤중이 되자 프리드리히 2세는 심한 기침으로 고통스러워했다. 기침이 멈추자 그는 말했다.

### "드디어 산을 넘었구나. 이젠 잘될 거야."

# 오토 폰 비스마르크

Otto von Bismarck, 1815~1898

독일의 초대 총리. 귀족의 아들로 태어나 여러 대사직을 거쳐 1862년에 총리로 임명되었다. 취임 첫 연설에서 이른바 철혈정책鐵血政策을 언급하며 군비 확장을 강행하고 무력으로 통일을 수행하려 했다. 결국 프로이센-오스트리아 전쟁에서 승리하여 독일 통일을 이루었고 1871년부터 1890년까지 독일 제국 총리를 지냈다. 그러나 빌헬름 2세의 즉위 후, 그와 충돌하다가 결국 사직했다.

오토 폰 비스마르크는 어린 시절 자신의 힘을 과시하는 것을 좋아하던 소년이었다. 몇십 년 뒤에는 전쟁터에서의 영웅이었으며 때때로는 술꾼이었다. 비스마르크는 30살이 되고 나서야 정치 활동을 시작했지만 세월이 흘러서는 19세기 독일 역사의 가장 중요한 인물로 인정받고 있다.

그는 프로이센이 유럽의 강국에 이를 수 있도록 나라를 이끌었다. 또한 여러 전쟁을 주도했으며(1864년 덴마크, 1866년 오스트리아와 바이에른, 1870~1871년 프랑스) 모두 승리했다. 이 밖에도 비스마르크는 1871년에 '독일 제국'을 선언하며 여러 작은 도시 국가들을 하나로 통합했고, 프로이센의 왕 빌헬름 1세를 황제로 추대했다. 개인적으로는 백작의 지위에 오른 후에 후작을 거쳐 공작이 되었다.

그는 국가로부터 그의 공을 치하하는 차원에서 선물이 하사되는 경우에도 항상 '합법적인' 혜택을 원했다. 예를 들어 그가 주로 바란 것은 세금 감면 혜택이었는데, 비스마르크는 그런 기회가 생길 때마다 놓치지 않고 혜택을 받았다. 그럼에도 제국의 국민들은 카리스마 넘치고 독일 건국의 아버지인 비스마르크를 열렬히 지지했으며, '철혈재상'이라는 칭호에 어울리는 그를 추종하는 귀족과 군대는 점차 늘어갔다.

하지만 새로운 어린 황제 빌헬름 2세는 우둔한 군주였다. 그는 1890년에 유능한 비스마르크를 사임시켰다. 어쩔 수 없이 75세의 비스마르크는 자신이 영주로 있는 함부르크의 작센 평야로 옮겨 갔다. 그러나 모든 것을 내려놓고 휴식을 취하기 위해 돌아간 그곳에서도 비스마르크는 제대로 쉬지 못했다.

일에 지친 그에게 유일한 즐거움이라고는 오전에 마시는 샴페인뿐이었다. 그러나 그의 몸은 점점 비대해졌고, 비만이라는 질병은 위대한 정치가를 괴롭히기 시작했다. 그는 통풍과 수면 장애 그리고 우울증에 시달리다가 의사에게 치료를 받았다. 의사는 먼저 책상에 놓여 있는 샴페인과 붉은 포도주부터 치워버렸다.

그 시절 비스마르크는 자신의 인생 역정을 담은 회상록을 집필하기 시작했다. 다행히 책은 완성되었고 그의 사후에 베스트셀러가 되었다. 1893년 여름, 83번째 생일날 이 위대한 노인은 발작을 일으키며 죽음을 맞이했다. 지지자들은 그가 마지막으로 "국시國是!"라고 외쳤다고 주장했다. 그러나 그것은 강경한 군국주의자들이 만들어낸 허구에 지나지 않는다. 부인과 일찍 사별한 비스마르크는 항상 자신의 곁을 지켜온 딸의 손을 다정히 잡고 나직이 말했다.

**"나의 아이야, 고맙구나."**

# 마크 트웨인

Mark Twain, 1835~1910

미국의 소설가. 미주리주에서 태어나 어려서부터 인쇄공 또는 미시시피
강의 수로 안내인으로 일하기도 했다. 이 시절의 추억을 훗날 여러 편의
소설에 풀어놓았다. 미국 남북전쟁 때 군인으로 전쟁에 참여했다가 전쟁
에 환멸을 느끼고 제대한 뒤, 유머러스한 단편을 발표하면서 유명 작가
가 되었다. 쓴 작품으로 「톰 소여의 모험」, 「허클베리 핀의 모험」, 「왕자와
거지」 등이 있다.

마크 트웨인(본명은 새뮤얼 랭혼 클레멘
스Samuel Langhorne Clemens)은 "인생에는 무지와 자신감만 있
으면 된다. 그러면 성공이 보장된다"라는 명언을 남겼다.
아이러니하게도 이 불세출의 미국 작가는 지극히 개인적
인 삶에서 앞의 말과 완전히 반대되는 모습을 보였다. 그
는 지성적이었지만 의심이 많았고, 매력으로 애써 감춘 기
만이 가득한 인물이었다.

트웨인은 미시시피에 사는 두 명의 소년을 주인공으로 한 불멸의 명작 「톰 소여의 모험」, 「허클베리 핀의 모험」을 남겼다. 이런 전설적인 작품을 집필하면서 그는 마크 트웨인이라는 필명을 고안해냈다.

그는 다양한 직업을 거친 작가였다. 인쇄공, 수로 안내인으로 일하기도 했지만 또 3년간은 조종사로, 50년간은 기자와 웅변가로 활동했고, 때로는 금갱을 찾아 헤매기도 했다. 세계를 방랑하며 여행하는 것도 즐겼다. 작가로서도 아주 성실했다. 유머러스한 작품을 쓰는 그 어떠한 작가도 19세기에 그만큼의 많은 비평 또는 명언을 남기지 못했다.

트웨인은 자신은 영원히 늙지 않을 것이라는 기대와 달리 그 또한 할아버지가 되고 말았다. 영국을 여행하던 그는 어느 날 미국 신문을 통해 자신이 사망했다는 기사를 읽게 됐다. 그는 곧장 미국으로 전신을 보냈다.


"적어도 나의 죽음에 관한 기사만큼은 심하게 과장되었군."


그 후 미국으로 돌아온 그는 딸 클라라의 보살핌을 받았다. 날이 갈수록 트웨인의 회의론은 심해졌다.

"젊은 비관론자가 늙은 낙관주의자로 변하는 것보다 더 슬픈 광경은 없을 거야."

트웨인은 핼리 혜성이 떨어지는 모습을 몹시 보고 싶어 했다. 그러나 핼리 혜성이 떨어지기 몇 시간 전에 세상을 떠나고 말았다. 영원한 안식으로 들어서기 직전, 그는 사랑스러운 딸과 마지막 인사를 했다.

**"잘 지내거라…**
**우리가 다시 만날 때까지"**

# 모든 죽음에는
# 이름이 있다

---

"우물쭈물하다가 내 이럴 줄 알았지."

– 조지 버나드 쇼, 작가

"평화… 투쟁… 중화를 구하라."

– 쑨원, 정치가

"왜 우느냐? 내가 영원히 살 것이라고 생각했느냐?
죽는 것이 사는 것보다 더 어렵구나."

– 루이 14세, 왕

"주여, 나를 아프도록 후려치는구려!
허나 그대의 손으로 치기에 나는 흡족하나이다."

– 장 칼뱅, 신학자

"신이여, 영원히 나를 버리지 마십시오."

– 블레즈 파스칼, 수학자

"불멸의 혼이여, 만세."

– 앙드레 지드, 작가

"나와 아내의 시체가

잘 탔는지 꼭 확인해주길 바라네."

– 아돌프 히틀러, 정치가

"나를 궁전으로 데려가다오.

그리고 그곳에서… 죽을 것이야."

– 차르 알렉산더 2세, 왕

"황제는 일어서서 죽음을 맞아야 해."

– 베스파시아누스, 왕

"나를 위해 축배를 드시오."

– 파블로 피카소, 화가

"지금까지 아주 아름다운 꿈을 꾼 것 같소."

– 모리스 삭스, 장군

**옮긴이 한윤진**

연세대학교 독문학과를 졸업했으며 독일 뷔르츠부르크 대학에서 수학했다. 현재 번역 에이전시 엔터스코리아에서 번역가로 활동하고 있다. 옮긴 책으로는 『작고 똑똑한 심리책』, 『자기회복력』, 『내 행복에 꼭 타인의 희생이 필요할까』, 『사랑한다고 상처를 허락하지 마라』, 『파우스트』, 『나는 왜 이런 게 궁금할까』, 『미친 기후를 이해하는 짧지만 충분한 보고서』, 『보도 섀퍼의 레버리지』 등 다수가 있다.

찬란한 생의 끝에 만난 마지막 문장들

# 죽음이 물었다, 어떻게 살 거냐고

**초판 1쇄 발행** 2023년 12월 25일
**초판 2쇄 발행** 2024년 1월 8일

**지은이** 한스 할터 **옮긴이** 한윤진
**펴낸이** 김선준

**편집이사** 서선행
**책임편집** 배윤주 **편집2팀** 유채원 **디자인** 엄재선
**마케팅팀** 권두리, 이진규, 신동빈
**홍보팀** 조아란, 이은정, 장태수, 유준상, 권희, 박지훈, 박미정
**경영관리팀** 송현주, 권송이

**펴낸곳** (주)콘텐츠그룹 포레스트 **출판등록** 2021년 4월 16일 제2021-000079호
**주소** 서울시 영등포구 여의대로 108 파크원타워1 28층
**전화** 02) 332-5855 **팩스** 070) 4170-4865
**홈페이지** www.forestbooks.co.kr
**종이** (주)월드페이퍼 **출력·인쇄·후가공·제본** 더블비

ISBN 979-11-93506-21-9 03190

(주)콘텐츠그룹 포레스트는 독자 여러분의 책에 관한 아이디어와 원고 투고를 기다리고 있습니다. 책 출간을 원하시는 분은 이메일 writer@forestbooks.co.kr로 간단한 개요와 취지, 연락처 등을 보내주세요. '독자의 꿈이 이뤄지는 숲, 포레스트'에서 작가의 꿈을 이루세요.